기도의 이유

KB207916

중현 지음

불광출판사

기도의 이유

중현 지음

지금 믿고 있는 신에 의지하여

마음을 건강하게 하십시오.

종교적 기도에서
불교적 수행으로

이 책에는 단 한 줄의 기도 영험담도 없습니다. 기도를 합리적이고 이성적으로 이해하고 싶은 분, 불교의 수행에 입각해서 기도하고 싶은 분들에게 조금이라도 도움이 되고자 이 책을 만들었습니다.

　일반적으로 생각하는 기도는 종교적 범주의 기도입니다. 이러한 기도를 편하게 종교적 기도라 하겠습니다. 종교적 기도의 핵심은 간청과 소통입니다. 소원 성취를 바라는 기도가 바로 이 범주에 속합니다. 이런 종교적 기도의 특성 때문에 수행 체계로 불교를 받아들이는 일부 사람들이 기도를 폄하하는 것도 사실입니다. 그러나 지금 이 시간에도 전국의 사찰에서는 관음기도, 신중기도, 수능기도 등 다양한 기도가 행해지고 있습니다. 그리고 여전히 많은 분들이 기도를 통해 불교를 접하기도 합니다. 한국불교에서 기도가 차지하는 비중은 아무리 강조해도 지나치지 않습니다. 그렇기 때문에 종교적 기도를 불교의 수행으로 발전시키는 것은 우리 불교가 가진 매우 중요한 과제입니다.

이 책은 우리나라의 사찰에서 일상적으로 행해지는 각종 기도와 불공들을 합리적이고 이성적으로 이해하고, 일상적인 신행생활을 습관적으로 하기보다 불교의 핵심사상에 입각해서 자기화하는 데 목적을 두고 있습니다. 그리하여 불자님들의 신행생활이 올바른 수행의 길로 나아가는 데 일조하고자 합니다. 그래서 소소한 지식이나 정보보다 핵심적인 개념을 담고자 했습니다. 경험담이나 재밌는 이야기보다 왜 이렇게 기도하는지, 왜 이런 순서로 기도하는지에 대해 고민하는 시간을 가질 수 있도록 했습니다.

1장 '우리들에게 기도가 필요한 이유'는 고통과 불안을 피할 수 없는 중생들의 삶을 살펴보고 있습니다. 과거는 후회스럽고, 현재는 고통스럽고, 미래는 불안하기만 한 삶이 우리로 하여금 기도하게 합니다. 삶에 대해 올바르게 통찰하게 될 때, 우리의 기도 역시 올바른 방향을 지향할 것입니다.

2장 '종교적 믿음과 불교의 믿음'에서는 현대 사회에서 기존 종교의 위상을 다루고, 이어서 믿음을 종교적 신앙에만 국한하지 않고 보다 광범위하게 이해하는 장을 마련하였습니다. 특히 종교적 차원에서의 믿음과 불교의 믿음이 어떻게 다른지 조명하는 데 집중하여 불교의 수행에서 삼귀의와 사홍서원을 중점적으로 다루었습니다. 삼귀의와 사홍서원은 종교적 기도가 불교의 기도, 즉 수행으로 발전하려면 반드시 거쳐야 할 관문입니다.

3장 '『천수경』 해설 - 귀의, 참회, 발원은 기도의 모든 것'은 『천수경(千手經)』 해설입니다. 『천수경』은 매우 독특한 성격의 경전입니다. 그래서 우선 『천수경』의 특징이 무엇인지 살펴보고, '찬탄 - 귀의 - 주력 - 참회 - 발원'으로 이어지는 『천수경』의 기본 구성이 가지는 의미에 대해 알아보았습니다. 이 중에서 참회를 보다 집중적으로 다루었습니다. 경전의 자구 해설보다는 특징과 구성에 초점을 맞추었습니다.

4장 '불교의 기도와 수행'에서는 불교에서의 기도, 예불, 불공이 결국 모두 수행으로 귀결되고 있음을 강조하였습니다. 그래서 기도와 불공이 수행과 예불로 승화되기 위해서 수행으로서의 기도를 어떻게 할 것인지를 다루었습니다. 아울러 수행의 관점에서 기도의 의미를 바로 세우기 위해 공덕과 가피에 대해서도 다루고 있습니다. 그리고 축원문의 해설을 통해 수행에서 귀의와 발원이 얼마나 중요한지를 다시 한번 강조하였습니다.

5장 '이런 기도 저런 기도'에서는 관음기도, 아미타기도, 신중기도 등 다양한 기도에 대해 알아보았습니다. 불교 의식 중심의 설명이 아니라, 실제 사찰에서 자주 하는 각종 기도들의 의미와 내용을 살펴보는 데 초점을 맞추었습니다. 그래서 다양한 기도들을 불교 교리에 입각하여 살펴보았습니다.

6장 '불교와 민간 신앙'에서는 불교 속으로 들어온 민간 신앙들을 어떤 관점에서 이해하고 받아들여야 할지 고민해 보았습니다. 우리나라의 경우, 산신신앙, 칠성신앙이 대표적입니다. 특히 어떤 마음으로 기도해야 기복신앙을 수행으로 승화시킬 수 있을지 고민해 보았습니다. 그리고 정초 맞이, 삼재 소멸, 칠월칠석, 동지 같은 우리나라의 전통적인 풍속이 유독 사찰에서 지금껏 잘 보존되고 유지되고 있는 이유가 무엇인지도 살펴보았습니다.

21세기 들어 종교의 쇠퇴는 주요 선진국의 보편적인 현상입니다. 우리 사회도 이런 흐름에서 결코 예외일 수 없습니다. 사회의 급격한 변화에도 불구하고 한국불교는 여전히 전통적인 틀에서 크게 벗어나지 못하고 있습니다. 우리 사회에서 불교가 일상화되려면 우선 불자들의 일상 속에 불교가 자연스럽게 스며들어 가고, 불자들의 삶에 불교의 수행이 녹아들어가야 합니다. 그래야 우리 불교가 다시 근본으로 돌아가 비로소 우리 시대에 맞는 모습으로 탈바꿈할 수 있습니다. 이러한 흐름에 조금이라도 일조할 수 있기를 희망합니다.

2024년 5월
중현 두 손 모음

차 례

▶ 제34수 관세음보살 합장수 진언

1장

우리에게

기도가

필요한 이유

고통은 신호,
행복은 보상

우리들에게 기도가 필요한 이유는 매우 자명하다. 지나간 과거는 항상 후회스럽기만 하고, 지금 현재는 고통스럽고, 알 수 없는 미래는 언제나 불안하다. 그래서 우리는 무언가에 의지하고 기대어서 열심히 빌고 또 빈다. 물론 인생이 항상 후회스럽고 고통스럽고 불안한 것만은 아니다. 즐겁고, 기쁘고, 뿌듯하고, 행복한 시간들도 있다. 덤으로 이도저도 아닌 무덤덤한 시간들, 심심하고 지루하고 따분한 시간들도 많다. 하지만 고통과 불안과 행복을 향한 갈망이 우리로 하여금 무언가에 의지하고 간절하게 빌게 하는 것이다. 아무리 과학이 발달하고 세상이 살기 편해져도 기도가 우리 삶에서 사라질 수 없는 이유는 우리들의 삶 자체가 기도를 필요로 하기 때문이다.

고통은 신호다

왜 중생들은 고통 속에서 살아야 할까? 행복하게 살아도 되는데 왜 고통 속에서 살아야 할까? 스스로에게 질문을 던져보아야 한다.

고통이라는 것은 일종의 신호다. 자동차를 운전할 때 빨간불이면 차를 세우고 파란불이면 직진하듯, 신호는 행동의 지침이 되는 것이다. 고통도 마찬가지. 우리가 느끼는 고통은 무언가가 우리에게 어떠한 행동을 하라고 신호를 보내는 것이다.

얼마 전 차담을 하는데 이런 고민을 하는 젊은이가 있었다.

"간호사로 일을 하다가 이런저런 이유로 병원을 그만뒀습니다. 그동안 모은 돈으로 보건직 공무원 시험을 준비하겠다는 계획을 세우고 사표를 던졌지만, 그만둔 다음 날부터 불안함이 밀려왔어요. 계획은 있지만 막연한 두려움이 생겨났습니다."

그런데 관점을 바꾸어서 생각해보자. 만일 이 젊은이가 직장을 그만둔 다음에도 정말로 진솔하게 아무런 걱정, 불안 그리고 고민이 없다면 과연 보건직 공무원이 되기 위한 공부를 열심히 할까? 무언가 불안한 감정이 있다면 마지못해서라도 책을 펼치고 공부를 할 것이다. 그런데 불안한 마음이 전혀 없으면 공부를 해야 할 절박함도 없다. 절박함이 없으면 시험공부에 매달리지도 않을 것이다. 공부를 열심히 하는 사람들은 머리가 좋아서, 아니면 공부하는 게 즐거워서 하는 것이 아니다. 대부분은 불안해서 공부를 한다. '고통은 신호'라는 말의 의미는 이런 것이다. 무엇인가 나에게 불안한 감정을 주고, 불안한 감정이 주는 고통을 견디기 힘들어서 뭔가를 하는 것이다.

신호를 연구하면 해결책이 보인다

다른 경우를 생각해보자. 괴롭고 불안한 감정을 느꼈을 때, 합리적인 해결책은 공부를 하는 것이다. 그런데 불안한 마음을 견디기 힘들어서 친구를 만나 술을 마시고 고민을 털어놓으며 오늘은 다 잊고 놀자고 해 버린다면, 불안한 감정이 사라질까? 불안한 감정을 일시적으로 잊을 수는 있어도 근본적인 원인은 해결되지 않는다. 다음 날이 되면 불안한 마음이 오히려 더 강하게 신호를 보낼 것이다. 어리석은 사람은 불안이라는 신호와 마주치는 고통을 회피하려고만 한다.

또 이런 경우도 있다.

> "스님, 저는 화를 내고 싶은데 화가 안 나요. 부당
> 한 상황에서 화를 내고 내 입장을 강변하고 싶은
> 데 그럴 수가 없어요."

이것은 신호등이 고장 나 버린 경우이다. 괴롭다, 화가 난다, 짜증 난다는 고통의 신호를 보내야 하는데 신호등이 고장 나서 신호를 보내지 않는 것이다. 하지만 원인이 되는 문제는 계속 쌓여 가니 언젠가는 뻥 터져서 대형 사고가 날 것이다. 이렇게 고통이라는 상황을 무시하면 고통을 극복할 수 없다.

그렇다면 도대체 누가 고통의 신호를 보내는 것일까? 논리적이고 합리적으로 생각하면 불안할 이유가 없는데도 불안하다. 신호를 보내는 사람이 나의 합리적인 이성이 아니기 때문이다.

신호는 우리 안의 철부지 중생이 보낸다

우리 안에는 자기밖에 모르는 철부지 어린아이가 있다. 그 아이가 신호를 보내고 있다. 이 어린아이를 부처님은 중생이라고 표현했다. 우리 안의 중생이 보내는 신호를 우리는 고통으로 느끼는 것이다.

인생은 괴로운 것이 당연하다. 괴로워야 문제를 해결하고, 문제를 해결해야 앞으로의 삶이 이전의 삶보다 더 나은 삶이 된다. 우리가 불교를 믿는 것도 지금 내 삶에 나타나는 고통과 불안함을 없애보겠다는 나름의 몸부림이다. 우리가 주목해야 할 것은 고통의 원인이 무엇인지를 정확하게 알고 그 원인을 제거하는 것이지, 고통을 회피하거나 무시하는 것이 아니다.

행복은 고통의 원인을 해결했을 때 오는 것

한 가지 의문이 든다. 부처님이 우리에게 제시한 것은 영원한 행복의 길이다. 부처님이 제시한 길은 과연 고통이 없는 길일까? 우리가 살고 있는 욕계(欲界)에서 행복은 일종의 보상이다. 즉 고통이라는 신호를 받고 그 신호의 원인을 찾아서 문제를 해결할 수 있는 행동을 했을 때 주어지는 보상과도 같다. 그 보상이 우리가 느끼는 행복한 마음, 기쁨, 즐거움, 성취감 등이다. 고통의 원인을 해결했을 때 느끼는 감정이 바로 보상으로써의 행복이다.

배가 고프면 고통스럽다. 배고픈 고통을 제거하려면 먹을 거리를 찾아 나서야 한다. 그 결과 배를 채우면 포만감이 생긴다. 포만감은 배고픈 고통을 해결했을 때 받는 일종의 보상이다. 그러나 신체를 사용할 수 있는 에너지원이 부족하다는 원인을 해결하지 않고, 약을 사용해서 포만감만을 느끼게 할 수도 있다. 고통의 원인은 전혀 해결되지 않았지만 보상으로서의 행복감을 약으로 충족한 것이다. 그러니까 행복감을 술이나 약이나 돈, 권력으로 찾으려고 해서는 안 된다. 왜냐하면 고통의 원인이 전혀 해결되지 않은 상태에서 행복한 자극만 주입되기 때문이다. 행복한 자극이 사라진 뒤의 고통은 오히려 더 크고, 그래서 더더욱 행복한 자극에만 매달리게 된다. 고통의 원인을 해결하고자 하는 의지는 뒷전으로 밀려나고 만다. 그러나 고통의 원인은 전혀 해결되지 않기 때문에 행복한 자극의 함정에서 헤어나올 수 없게 된다.

부처님이 말씀하신 영원한 행복의 길은 보상으로서의 행복에 초점이 맞추어져 있지 않다. 대신 고통의 원인을 제거하는 데 주안점을 두고 있다. 한마디로 행복은 즐거운 것이 아니라 고통스럽지 않은 것이다. 진정한 행복은 고통의 근본적인 원인을 제거하는 것이다. 나밖에 모르는 우리 안의 철부지 어린아이를 부처님으로 바꾸는 길이다. 그래야만 애당초 고통이 존재할 수 없다. 이것이 우리가 지향해야 할 길이다.

불안은 어떻게
다스리는가

불안은 위험을 피하라는 신호

이유는 모르겠지만 항상 무언가 불안한 상태에 있는 사람들이 있다. 불안은 위험으로부터 자신을 지키려는 마음에서 발생하는 감정이다. 대표적으로 '미래에 대한 불안'이 있다. 미래가 불확실하기 때문에 나를 지키기 위해서 노력한다. 노력하다 보면 무언가 성취해내기 때문에 미래가 보다 확실해진다. 불안을 없애기 위해서는 위험 요소를 정면 돌파하거나 회피하거나 둘 중 하나를 해야 한다. 결국 불안의 핵심은 나에게 다가오는 위험 요소를 극복 혹은 회피하라는 신호인 것이다.

불안은 좋은 것도 나쁜 것도 아니다. 말 그대로 그냥 신호일 뿐이다. 오히려 불안은 우리에게 신호를 주어서 무언가를 하게 만들기 때문에 우리 생활에서 반드시 필요하다. 그래서 아무리 불안감을 털어내려고 해도 완전히 털어낼 수 없는 것이 당연하다.

불안 신호가 너무 작은 사람은 만사태평이고 항상 느긋하다. 지금 이대로가 좋고 불만이 없기 때문에 반대로 무언가를 이루어 내는 것도 없다. 발전이 없다. 반면 불안 신호가 너무 크면 정신적으로 장애가 온다. 병원에 가서 의사의 처방을 받아 약을 복용하든지 해서 불안감을 낮추는 것이 시급하다. 불안은 너무 강해도 너무 약해도 안 된다.

시골에 살면 고양이가 다람쥐를 잡는 장면을 종종 보곤 한다. 고양이가 자기를 노리는 줄 모를 때, 다람쥐는 평소와 다름없이 행동한다. 그런데 고양이와 눈이 마주쳐버리면 얼어붙어서 꼼짝도 못 한다. 고양이는 얼어붙어 옴짝달싹 못 하는 다람쥐를 그냥 덥석 물기만 하면 된다. 사람도 다를 것이 없다. 불안 신호가 지나치면 오히려 행동에 장애를 초래한다.

불안을 다스리는 다양한 방법

인간이 가지는 불안 중 가장 큰 것은 미래에 대한 불안이다. 어떤 분은 60대 초반인데 자식들이 다 커서 결혼할 때가 되니 그 감당을 어떻게 해야 할지 답답하고 불안하다고 한다. 또 어떤 20대의 젊은 친구는 지금 하고 있는 일이 평생 직업이 될 수 있을까 회의감이 들고 앞날이 불안하다고 한다. 나이가 많건 적건 미래가 불안하기는 매한가지이다. 미래가 불안한 것은 미래를 알지 못하기 때문이다. 나이와는 별 상관이 없다. 미래를 알 수 없으니 우리 삶에서 불안은 피할 수 없다. 피할 수 없기 때문에 불안한 감정을 버거워하고 벗어나려고 굳이 애쓸 필요도 없다. 한마디로 어느 정도의 불안은 자연적인 현상이다.

불안할 때는 어떻게 해야 할까? 정신과 의사들이 하는 이야기는 크게 두 가지다. 첫 번째, 명상을 통해서 자신의 감정을 올바르게 돌아볼 것. 그리고 바라보는 행위를 통해 마음을 다스릴 것. 두 번째, 본인이 확실하게 해낼 수 있는 과제를 만들고, 그것을 해낼 것. 해낼 수 있는 과제를 설정하고 실천하면 성취감과 자신감을 가질 수 있고, 그만큼 미래에 대한 불안감이 줄어든다는 것이다.

얼핏 들으면 맞는 말인데 정작 현실과 딱 맞아떨어지지는 않는 것 같다. 예를 들어, 비만이 심해서 각종 성인병에 걸릴 가능성이 매우 높아 지금 즉시 20킬로그램을 빼야 한다고 하자. 위의 해결책에 따르자면 지금부터 푸시업을 두 개씩만 해보는 것이 현실적인 대책이 될 수 있다. 오늘은 두 개, 내일은 네 개, 다음날은 여섯 개. 이렇게 본인이 감당할 수 있는 수준으로 조금씩 늘리다 보면 언젠가 푸시업을 50개 이상 할 수 있을 것이다. 그러면 자연스럽게 살이 빠질 테니까 불안해할 필요가 없다.

맞는 이야기이긴 한데, 문제는 안 한다는 것이다. 사람의 뇌가 수용하는 정보는 마음이 그린 이미지이다. 뇌의 입장에서 보면 현실 세계와 가상 세계 둘 다 똑같은 정보에 불과하다. 현실과 가상을 구별할 수 없다. 같은 맥락에서 '매일 푸시업을 두 개씩 해야겠다'라고 생각하면, 생각하는 것만으로도 두뇌는 이미 푸시업 두 개를 한 것과 다름없는 것으로 정보 처리를 하게 된다. 머리로 이미 해버렸으니까 실제 하라는 명령을 내릴 절박함이 별로 없는 것이다.

그렇다면 불교적인 입장에서는 불안을 다스리기 위해 어떻게 해야 할까? 먼저 불안의 본질을 알아야 한다. 두려움을 왜 느끼는가? 내가 다칠지도 모른다, 상처받을지도 모른다, 죽을지도 모른다는 생각들이 두려움을 만들어낸다. 이런 생각들에는 모두 주어가 있다. 바로 '나'이다. 나를 지키고자 하는 뿌리 깊은 생각으로 인해 미래에 대한 두려움이 생기고, 그 두려움을 피하기 위해 내 안에서 불안한 감정이 신호가 되어 나온다. 출발은 나를 지키고자 하는 뿌리 깊은 생각이다.

중생은 '나'라고 하는 놈을 어떻게든 지키기 위해 불안을 먹고 사는 존재들이다. 불교에서 항상 강조하는 것이 '나에 대한 집착을 버리라'는 것이다. 이 명제를 제대로 알고 실천한다면 불안을 내 삶의 동력으로 삼지 않아도 된다.

행자 때 마주한 평안

60년 인생을 살면서 내게 아주 특별했던 기간이 두 번 있었다. 첫 번째는 9개월간의 행자 생활 중 처음 3개월 정도였고, 두 번째는 2년 전 심근경색으로 쓰러진 1개월 정도의 시간이었다.

무슨 이유인지 알 수는 없지만, 출가 당시 나는 '이 사회에서 해볼 수 있는 것은 다 해 봤다'고 생각했다. 결혼만 빼면 거진 모든 것을 해봤으니 사회에 미련이 없고, 인간으로 할 수 있는 웬만한 경험은 다 해봤으니 출가한 지금부터는 '덤으로 사는 인생'이라는 생각을 언뜻 했다. 지금 생각하면 웃음이 나올 정도로 시건방진 생각이다.

어쨌든 그렇게 머리를 깎고 행자가 되었는데, 말도 안 되는 상황들이 너무 많이 내 앞에서 펼쳐졌다. 예를 들면 스무 살도 안 되는 상행자(나보다 먼저 출가한 행자)가 나에게 성질을 내고

우리에게 기도가 필요한 이유

반말을 하면서 참회를 하라고 한다. 30대 중반에 출가한 나에게 이런 상황은 상상할 수도 없는 일이었다. 출가 초기에는 이런 일들이 엄청나게 많이 생겼다. 그런데 '지금부터는 덤으로 사는 인생인데 이런들 어떠하리 저런들 어떠하리'라고 생각하니까 아무리 비합리적이고 말이 안 되는 상황이 닥쳐도 '그런가 보다' 하는 마음이 들었다.

그런데 시간이 흘러 내가 상행자가 되는 순간 입장이 완전히 바뀌었다. 하행자들이 내가 시키는 대로 하는 것은 너무나 당연한 일이었다. '행자들이 이러이러하게 행동해야지' 하는 생각이 나도 모르게 들었다. 원하는 게 있고 바라는 게 있고 이런저런 대접을 받아야 한다는 생각이 들었다.

지금 생각해 보면 행자 초기에는 나 자신을 지켜야겠다는 애착 같은 것이 다른 때에 비해 훨씬 적었던 것 같다. 지금부터는 덤으로 사는 인생이라는 생각도 있었지만, 절집에서 행자라는 존재가 사람대접을 못 받는 존재였던 것도 크게 한몫했다. 오죽하면 "사미(沙彌)는 중도 아니고, 행자는 사람도 아니다."라는 우스갯소리가 있을 정도였다. 처음에는 이런 상황이 좀 당황스러웠다. 그러나 시간이 지나면서 '아, 내가 정말로 별 볼 일 없는 사람이었구나. 이런 일로 굳이 성질을 낼 필요가 있나?' 하는 생각이 들었다. 나도 모르게 내가 잘났다는 생각이 일시적으로 희미해졌다. 원해서 그런 것은 아니었지만 그때가 인생에서 가장 행복한 시절이 아니었나 생각한다. 몸은 제일 힘들었지만, 마음은 애착과 집착이 줄어들어 가장 편했기 때문이다.

죽음의 문턱에서 바라본 것

2년 전에 급성 심근경색으로 쓰러져 입원해 있는 동안 아무 생각이 없었다. 하루종일 잠잔 기억 말고는 달리 떠오르는 기억이 없다. 퇴원하고 나서 보름 정도 지나자 비로소 주변 사람들이 눈에 들어왔다. 그런데 다른 사람들이 세상을 너무 바쁘게 사는 것처럼 보였다. 물론 내 몸이 너무 쇠약해진 상태라 일상에서 움직이는 것 자체가 현저하게 줄어든 이유도 있었겠지만, 사람들이 무언가에 쫓기듯 엄청 바쁘게 사는 것 같다는 느낌이 강하게 들었다.

왜 그런 생각이 들었을까? 죽음 직전까지 다녀오고 보니, '죽는다는 게 별거 아니구나, 평범한 하루를 살다가 그냥 가는 거구나!'라는 생각이 들었다. 평범한 하루를 살다가 갑자기 특별하고 비일상적인 경험을 하고, 어마어마한 고통과 슬픔이 찾아오면서 죽는 것이 아니었다. 내가 만약 쓰러졌을 당시에 조금이라도 조치가 늦었다면, 나는 지금 이 세상 사람이 아니었을 것이다. 그러니 평범한 하루의 연장선 어디쯤에서 그냥 죽는 거라는 생각이 들었다.

말하자면 죽음에 대한 공포가 일시적으로 사라진 상태였다. 그렇게 일시적으로 죽음을 경험하고 나니 다른 사람들이 생활하는 것이 달리 보였던 것이다.

그때 받은 느낌을 어떻게 표현할 수 있을까? 토끼가 풀을 뜯어 먹는 모습을 자세히 보면 아무 생각 없이 평화롭게 풀을 뜯어 먹고 있지 않다. 잠시도 가만히 있지 않고 주위를 경계하면서 풀을 뜯어 먹는다. 언제 잡아먹힐지 모른다는 생각 때문에 불안이라는 신호가 계속 분출되는 것이다. 퇴원 후 보름 정도, 보통 사람들의 생활로 돌아가기 전에 내가 보고 느낀 사람들의 모습이 바로 그런 모습이었다. 자기도 모르는 어떤 불안감에 끌려다니는 모습이었다.

그 불안의 정체가 무엇일까? 그것은 미래에 대한 불안보다 더 근본적인 것으로 내게 다가왔다. 바로 죽음에 대한 공포에서 오는 불안이다. 살아있는 사람들은 죽음을 생각하지 않고 지내는 것 같지만, '어느 순간 내가 사라진다'라는 두려움을 마음 깊은 곳에 간직한 채 살아간다. 다만 자각하지 못할 뿐이다. 살면서 죽음을 경험할 수는 없다. 죽는다는 것은 삶과 정반대의 상태이기 때문이다. 그래서 산 사람은 기껏해야 죽을 뻔한 경험은 할 수 있어도 죽는 경험은 할 수 없다. 살아 있는 사람에게 죽음은 결코 경험해 볼 수 없는 미지의 어떤 상태이다. 심지어 죽을 뻔한 경험조차 일생을 살면서 한번 할까 말까 할 정도이다. 그렇기 때문에 죽을 뻔한 경험 직후에 삶에 드리운 죽음의 존재가 잠시나마 뚜렷하게 보인 듯하다. 죽음에 대한 두려움이야말로 불안의 근본적인 원인이다.

두려움을 직시하라

불안의 근본 원인은 첫째, 자기 자신에 대한 애착이요 둘째, 내가 사라질지도 모른다는 죽음에 대한 두려움이다. 이런 사실을 알고 사는 것과 모르고 사는 것은 천지 차이이다.

불안을 다스리려면 어떻게 해야 하는가? 정신과 의사들이 이야기하듯이 내 감정을 올바르게 바라보고 직시하는 수행을 하거나 스스로 통제할 수 있는 정도의 과제를 만들어서 불안한 마음을 해소할 수도 있다.

보다 불교적이고 근본적으로 말하자면 내 안의 뿌리 깊은 나에 대한 애착, 그리고 죽음에 대한 두려움을 직시하는 것이다. 이 사실을 뼈저리게 느끼면 불안으로부터 벗어날 수 있다. 불안을 우리의 일용할 양식으로 삼아서 살지 않아도 된다. 이게 불교에서 말하는 깨달음이며 무명(無明)에서 벗어나 올바로 아는 것이다.

행복하게
사는 법

긍정 심리학: 행복에 대하여

어떻게 하면 행복하게 살 수 있을까? 결론부터 말하자면 먼저 행복에 대한 정의를 새롭게 해야 한다. 그다음은 행복에 집착하지 않아야 한다. 이 두 가지만 명심하면 어느 정도 행복하게 살 수 있지 않을까 생각한다.

얼마 전에 누가 나에게 물었다. 스님은 사는 게 딱히 재미있어 보이지도 않고 제약도 많은데 행복하냐고 말이다. 이 질문의 이면에는 '머리 안 깎고 밖에서 사는 나도 인생이 고달프고 사는 재미가 없는데 스님들의 삶은 얼마나 더 재미가 없을까?' 하는 생각이 깔려 있었을 것이다. 나는 그럭저럭 행복하게 사는 것 같다고 대답했다.

우리 삶에 행복이란 키워드가 참 빈번하게 등장한다. 그런데 행복이라는 것이 무엇인지, 그 실체를 곰곰이 생각해본 적은 별로 없는 것 같다. 심리학 분야 중에 긍정 심리학(Positive psychology)이라는 분야가 있다. 기존 심리학은 정신적으로 힘들고 마음이 병든 사람들을 주된 대상으로 분석하지만 반대로 어떻게 하면 행복하게 살 수 있는지를 연구하는 분야가 긍정 심리학이다. 긍정 심리학을 대표하는 마틴 셀리그먼이 말하기를 행복은 세 가지 요소가 갖춰져야 한다. 첫 번째는 즐거움, 두 번째는 몰입, 세 번째는 의미이다.

즐거움과 몰입

행복하다는 말은 쉽게 말하면 기분이 좋은 것이다. 맛있는 걸 먹으면 기분이 좋아져 행복하고, 좋아하는 사람들과 이야기하는 분위기도 사람을 즐겁게 한다. 또 좋은 집으로 이사하면 기분이 좋다. 이게 행복이다. 행복은 추상적이고 거창한 개념이 아니다.

그런데 문제가 있다. 맛있는 걸 먹으면 기분이 좋아서 행복한데 계속 행복하지는 않다. 예를 들어 볶음밥을 좋아한다고 해도 아침부터 저녁까지 줄곧 볶음밥만 먹으면 나중에는 지겨워지고 싫어진다. 이런 현상을 경제학 용어로 '한계 효용 체감의 법칙'이라고 한다. 유감스럽게도 행복의 첫 번째 요소인 즐거움은 한번 생긴 뒤로 계속 유지되면 좋겠지만 그렇지 못하다.

왜 그럴까? 즐거움이라는 감정은 일종의 보상 심리이기 때문이다. 예를 들어서 배가 고픈데 뭘 먹을 생각을 하지 않으면 굶어 죽을 것이다. 그런데 기특하게도 나 자신을 굶기지 않고 배고프다는 신호를 보내고 또 그 신호에 따라 뭔가 먹을 것을 챙겨 먹어서 나를 살렸다. 영양 부족으로 쓰러져 가는 자신을 살렸으니 마땅히 보상받을 만한 행동이다. 그래서 배고플 때 맛있는 음식을 먹으면 기분이 좋은 것이다. 모든 욕망에는 욕망의 성취에 따른 보상이 있다. 중요한 것은 보상이 점점 줄어든다는 사실이다.

두 번째 행복의 요소는 몰입이다. 몰입은 무언가에 빠지는 것이다. 예를 들어 난을 키우는 데에 재미를 붙였다고 하면 하루종일 난을 가꾸어도 시간 가는 줄 모른다. 이게 몰입이다. 그러나 하루 24시간 내내 계속 몰입할 수는 없다. 몰입은 많은 에너지를 요하기에 꾸준히 계속 유지하기가 불가능하다.

의미

행복의 세 번째 요소는 의미이다. 살다 보면 누구나 한 번쯤은 삶의 의미를 생각한다. '나는 왜 사는가?', '나는 왜 이 일을 하는가?', '내 직업에 과연 어떤 의미가 있는가?' 내가 존재하는 이유와 의미에 대해 명쾌하게 답할 수 있을 때 우리는 행복감을 느낀다. 내 직장과 내 일이 사회에 어떤 기여를 하고 어떤 도움을 주는지 스스로 의미 부여를 할 수 없는 사람은 자기가 하는 일에 재미를 느끼기 힘들다. 당연히 즐겁지도 않을 것이다. 억지로 한다. 그래서 우리는 거의 무의식적으로 자신의 삶에 의미를 부여하고는 한다.

그런데 또 문제가 있다. 의미 부여라는 것이 쉽지 않다. 왜냐하면 사람은 태어날 때 이유가 있어서 태어난 게 아니다. 뭘 위해서 내가 태어난 게 아니다. 태어나서 살다 보니까 '나'라는 것을 인지하게 되고 이런저런 일을 하는 것이 의미 있을 것 같아 그 일을 한다. '나'와 '삶의 의미' 같은 것들은 삶을 시작하기 전부터 삶과 별개로 이미 존재하는 것들이 아니라, 삶의 과정에서 발생하는 부산물에 불과한 것들이다. 태어나는 것에 이유가 없듯, 죽는 것도 마찬가지이다. 내가 어떻게 죽을지 선택할 수 없다.

우리가 사는 데에는 이유가 없다. 그냥 산다. 그런데 그냥 살자니 마음이 항상 불안하다. 지금 이렇게 살아도 괜찮은 걸까? 내일도 모레도, 한 달 뒤, 일 년 뒤에도 잘 살 수 있을까? 불안하다. 지나간 과거는 후회되고, 지금은 만족스럽지 않고, 미래는 불안하다. 그냥 살면 자연스럽게 이런 맘을 가지게 된다.

그냥 사는 삶이란 비유하자면 동서남북을 모르고 사막 한가운데 있는 것이나 똑같다. 지금 내가 어디에 있는지, 어느 쪽으로 가야 하는지 전혀 알 수 없다. '이 길로 가면 먹을 게 나올까? 오아시스가 나올까? 사람 사는 동네가 나올까?' 당연히 불안하다. 내가 지금 있는 곳이 어디인지, 어디로 가는지, 왜 이렇게 가고 있는지를 알고 싶어 하는 게 당연하다. 그런데 그것을 아는 것이 쉽지 않다. 식별 가능한 어떤 것도 없는 사막 한가운데에서 평생을 산 사람이 아니라면 매우 어려운 일이다. 설령 안다 해도 십중팔구는 주관적이다. 어떤 때는 내가 하고 있는 일에 만족도 하고 의미 부여도 하는데, 어떤 때는 스스로 부정하기도 하고 불만족스럽기도 하다.

행복한 마음을 유지하는 것은 결코 쉬운 일이 아니다. 잠깐 행복할 수 있어도 많은 시간을 행복한 상태로 있기는 결코 쉽지 않다. 아니면 행복하지도 불행하지도 않은 채로 대부분의 삶을 살게 된다.

행복은 목표가 아닌 부수적인 감정

즐거움은 신체에서 일어나는 감각이다. 믿고 신뢰할 만한 게 못 된다. 엄밀하게 따지고 보면 감각은 한순간이다. 몰입도 마찬가지이다. 좋아하는 사람과 즐거운 시간을 보내고 있다가 문득 '이게 행복일까?'라는 생각이 든다면 이미 몰입이 깨진 것이다. 그러므로 지금 이 순간의 행복을 자각한다는 말도 사실은 모순이다. 행복을 자각하는 순간 이미, 몰입된 상태에서 벗어났기 때문에 더 이상 행복하다고 볼 수 없다. 그러므로 몰입도 즐거움도 현재형, 미래형이 아닌 과거형이다.

긍정 심리학자 셀리그먼의 말을 빌리면 우리 인생에서 행복한 시간은 별로 없다. 사람은 의미 있는 일에 몰입하면서 거기에서 즐거움을 찾는다. 이게 행복인데, 매일 매 순간 이렇게 사는 사람이 얼마나 있을까? 현실적으로 거의 불가능하다.

그래서 우리는 노력한다. 행복하기 위해서 열심히 노력한다. 더 큰 집, 더 좋은 사람, 더 좋은 직장을 가지려고 한다. 그런데 이렇게 행복해지고 싶다는 생각이 강하면 강할수록 '과연 지금 내가 행복한 것인가?' 스스로 의심하게 된다. '이 정도로 행복하다고 할 수 있는가?'라는 의문에 빠져들게 된다. 행복하고 싶다는 생각이 강하면 강할수록, 지금 이 상태가 과연 행복한 것인지 확신하지 못하고 만족하지 못한다. 지금 상태를 확신하지 못하고 만족하지 못하니까 더 행복하고 싶다. 더 행복하고 싶어 하고 더 가지기 위해 노력한다. 악순환이다.

'이것이 행복이야.'라고 규정하는 순간, '이것'이 아닌 다른 모든 것은 불행이 되어 버린다. 불행에 빠지지 않으려고 행복이라고 규정한 이것에 매달릴 수밖에 없다. 그러나 뭔가에 매달리는 상황 자체가 이미 나를 행복과는 거리가 멀어지게 한다. 결국 행복에 대하여 생각하는 순간, 우리는 이미 불행에 빠진 것이나 다름없다.

오늘 아침 뉴스에, 수영장에서 아이들과 재밌게 노는 사람을 인터뷰하는 장면이 나왔다. 출연자는 "날씨가 너무 덥고 습한데 아이들과 즐겁게 노니까 정말 행복하다."라고 말했다. 내 삶의 최우선 가치가 가족일 때 아이들과 함께 시간을 보내고 있으면 의미 부여가 된다. 물놀이를 하면 노는 데에 몰입하게 된다. 그러니까 즐겁다. 행복이라는 것이 별 것 없다. 행복의 세 가지 요건이 모두 맞아떨어진다. 정말 행복한 듯하다. 그런데 이 사람의 행복이 '가족과 함께 물놀이에 몰입하며 즐겁게 노는 것'이라고 정해 버리면, 하루 중 행복한 순간은 그 물놀이할 때밖에 없다. 물놀이를 잠깐 하고 나서 아이들이 배고프고 덥고 피곤하다고 징징거리면 행복은 저 멀리 도망가 버리고 말 것이다.

그러면 도대체 어떻게 해야 하는가? 긍정 심리학에서 말하는 행복의 세 가지 요소는 필수 조건이라기보다는 결과에 가깝다. 이런 것을 가지기 위해서 노력해야 한다는 것이 아니고, 이런 상태에 있을 때 사람들은 행복을 느낀다고 봐야 한다. 행

우리에게 기도가 필요한 이유

복이라는 감정은 살면서 느끼는 것일 뿐, 행복이 인생의 목표가 아니라는 말이다. 행복이 목표가 되는 순간 지금의 행복에 만족하지 못하고 더 큰 행복을 찾게 된다. 행복은 목표가 아니라 살아가면서 따라오는 부수적인 현상이다. 즉 행복에 대한 관점을 바꾸어야 한다. 그래야 행복할 수 있다.

행복 강박에서 벗어나는 길

행복은 무엇일까? 간단하다. 괴로움 속에 있지 않을 때가 행복한 것이다. 괴로움은 번뇌이다. 무명으로 인해서 고통스러운 상태이다. 슬픔, 불안, 우울, 분노, 짜증, 무기력 같은 부정적인 감정에 있지 않을 때 행복한 것이다. 그렇게 생각하면 행복을 좀 더 넓은 의미로 볼 수 있다. 이렇게 생각하면 행복은 목표가 아니다. '이것이 행복이다'라고 생각하면 나도 모르게 행복은 목표가 되고 과제가 된다. 과제를 달성하려고 노력했는데 과제를 달성하지 못하면 불행해진다. 행복이 목표이고 과제라면 지금은 행복하지 않아야 한다. 그렇다면 나는 대부분의 시간을 불행하게 보내는 꼴이 된다. 행복하기 위해서 많은 시간을 불행하게 보낸다는 역설적인 논리가 성립하는 것이다.

반대로 부정적인 감정이 아닌 상태가 행복이라고 생각하면 행복 자체가 삶의 목표가 되지는 않는다. 어떤 것이 삶의 목표가 되어야 할까? 목표의 역할은 내가 어딘가를 향해 가는 동안 불안해하지 않고 갈등하지 않도록 하는 것이다. 스스로의 행동에 신뢰와 믿음을 주는 것이 목표의 역할이다. 그렇기 때문에 이룰 수 없는 목표는 아무런 쓸모도 없다. 실행 가능하고 측정 가능한 구체적인 목표야말로 목표의 역할에 충실하므로 목표로서의 의미를 가진다.

지금 우리 사회는 행복해야 한다는 강박 속에 빠져 있다. 남들과 비교해서 내가 좀 더 행복하지 못하면 괴롭다. 우리들은 '어떻게 하면 지금보다 더 행복해질 수 있을까?'라는 강박관념에 매몰되다 못해, 서로에게 행복을 강요하고 있다. 행복을 강요당해서야 되겠는가? 행복해야 한다는 심적인 부담감을 털어내기 바란다. 어떤 사람도 항상 행복할 수는 없다.

정신과에서 제시하는 행복해지는 길은 하나도 틀린 것이 없다. 항상 자기 성찰을 하고, 구체적이고 실현 가능한 목표를 세우는 것이 행복으로 가는 지름길인 것은 분명한 사실이다. 하지만 그전에 반드시 짚고 넘어가야 할 것이 있다. 바로 행복에 대한 관점을 바꾸는 것이다. 중요한 것은 이것이다. 행복에 대한 관점을 바꾸면 자연스럽게 자기 성찰에 충실해지고, 구체적이고 실현 가능한 목표에 관심을 가지게 될 것이다.

행복은 목표가 아니라
살아가면서 따라오는
부수적인 현상이다.
즉 행복에 대한 관점을
바꾸어야 한다.
그래야 행복할 수 있다.

올바른
삶의 기준

나는 지금 제대로 살고 있나?

살다 보면 인생을 잘 살고 있는 건지 아닌 건지 헷갈릴 때가 있다. 내 생각에는 그럭저럭 남부끄럽지 않게 살아온 것 같은데 확인할 길이 없다. 인생을 잘 살고 있는지 어떻게 알 수 있을까? 기준이 있다면 답이 나올 것이다.

며칠 전에 가벼운 산행을 했다. 증심사에서 출발하여 봉황대로, 다시 봉황대에서 토끼등으로, 토끼등에서 바람재로, 바람재에서 넛재(늦재)까지 간 후에 원효사로 하산했다. 애초에 출발할 때는 가벼운 산책으로 생각하고 나선 길이었다. 바람재에서 지산유원지 방향으로 내려가다가 증심사 버스 종점으로 빠지려고 했는데 졸지에 원효사까지 가버렸다. 돌아올 길이 막막하여 관음사에 사는 도반스님에게 연락해서 저녁을 얻어먹고 차를 타고 증심사로 돌아왔다. 돌아와 곰곰이 생각을 해봤다. 왜 내가 의도한 바대로 가지 못하고 잘못된 목적지에 다다랐던 것일까?

잘못 든 길

먼저, 그동안 여러 번 가본 바람재까지 간 후에 제대로 주변을 살피면서 이동했어야 했는데, 그러지 않았다. 지산재 방향을 가리키는 표지판이 보이지 않아서 가던 길로 가면 되겠거니 하고 직진했다. 나중에 확인해 보니 표지판에 아주 작게 지산재 방향이 표기되어 있었다. 직진이 아니라 가는 방향을 기준으로

10시 방향 정도에 난 작은 샛길로 갔어야 했다. 다만 내가 보지 못하고 지나쳤을 뿐이었다. 가면 갈수록 내리막길이 나와야 하는데 오히려 산이 깊어졌다. 그때라도 '길을 잘못 들었나?' 하고 확인을 했어야 했는데, 잠깐 스쳐 가는 불안감을 모른 체하고 '가다 보면 어떻게 되겠지.'라고 생각하면서 계속 걸었다. 하물며 지나가는 길에 '원효분소 2KM'라는 표지판을 본 기억이 있다. 그 표지판을 봤다면 원효사가 아닌 지산재로 향하는 방향을 다시 찾았어야 했는데 별생각 없이 넘어가 버렸다. 그리고 눈앞에 원효사가 나타났을 때에야 '아! 길을 완전히 잘못 들었구나!' 하고 깨달았다.

　돌이켜 생각하니 완전히 잘못된 목적지에 당도하기까지 여러 번의 신호가 있었다. 산속으로 들어가는 느낌을 받았고, 원효분소 방향이라는 표지판을 봤다. 그런데도 그것을 무시하고 걸어가던 관성대로 걸은 것이다.

길 잃음의 네 가지 요소

첫째, 옛말에 어리석은 사람은 쌀이 아닌 모래로 밥을 짓는다 하였다. 그렇다면 어리석은 사람이 알면서 모래로 밥을 지을까? 그렇지 않다. 또 원효 스님은 『발심수행장(發心修行章)』에서 이런 말씀을 했다. "어리석은 사람은 동쪽으로 가고자 하면서 서쪽으로 가고 있다(雖有勤行無智慧者 欲往東方而向西行)." 그렇다면 어리석은 사람은 길을 잘못 든 줄 알면서도 서쪽으로 가는 것일까? 아니다. 모르니까 그렇게 한다. 왜 그럴까? '내로남불'이라는 말이 있다. 내가 하면 로맨스, 남이 하면 불륜이라는 말이다. 왜냐하면 내가 하는 것은 내 눈에 보이지 않기 때문이다. 내 눈에 보이지 않기 때문에 남들은 훤히 아는 것을 모르는 것이다.

둘째, 내가 길을 헤맬 때 만약 누군가가 내게 '바른길로 가고 있습니까?' 묻고서 '이 길이 아니라 저 길로 가야 합니다.' 알려 주고, 목적지까지 동행해 준다면 잘못 든 길 중간에서라도 바른길을 찾을 수 있었을 것이다. 그러나 유감스럽게도 올바른 길을 제시하고 안내해 줄 사람이 없었기 때문에 길을 잃게 된 것이다.

셋째, 산책 이후에 무언가 중요한 계획이나 일정이 있었다면 더욱 적극적으로 길을 찾으려고 하고, 길을 잘못 들지 않기 위해서 노력했을 것이다. 그런데 일없이 산책길에 오른 나는 그런 절실함이 없었다.

넷째, 만일 내게 평소에 수시로 나의 행동반경과 위치를 확인하는 습관이 있었다면 길을 잃지 않았을 것이다.

위의 네 가지 이유로 산책길에서 길을 완전히 잘못 든 것이다. 누군가는 이렇게 이야기할 수도 있을 것이다. 그래도 길을 잘못 든 덕분에 그전에 몰랐던 새로운 길 하나를 알게 되지 않았느냐고 말이다. 또 오랜만에 도반을 만나 반가운 시간을 보냈으니 잘못된 길이라고 볼 수 없다고 말이다.

틀린 말은 아니다. 그러나 만약 이 여행이 잠깐의 포행길이 아니라 다시는 할 수 없는 경험, 지금 이 몸으로 행하는 단 한 번의 인생 여정이라고 생각하면 그래서는 안 되는 일이다. 나에게 주어진 오직 한 번의 기회, 딱 한 번만 살아볼 수 있는 인생이라면 달리 생각해야 한다.

당신 인생의 목표는?

한편, 누군가는 인생에 목표가 있어야만 하느냐고 반문할 수 있다. 인생을 살 때 매 순간 충실하면 되고, 어디로 가더라도 내가 행복하면 된다고 말이다. 즉 인생에 목표라는 것이 없으므로 처음 계획과 다른 길로 가더라도 크게 문제 될 것이 없다고 이야기할 수도 있다. 그러나 인생을 가만히 보면 살아있는 우리가 행동하는 것의 궁극적인 목표가 있다. 궁극적인 목표는 목표라기보다 삶의 자세 혹은 원칙과도 같은 것이다. 평생을 살면서 항상 돌아보아야 할 삶의 원칙이야말로 궁극적으로 우리가 지향하는 것이다. 이것은 목표라는 말로는 제대로 담아낼 수 없다.

부처님의 가르침이 궁극적으로 지향하는 것은 고통에 대비되는 즐거움, 불행에 대비되는 행복이 아니라 영원한 행복의 길이다. 그렇기에 행복을 갈구하지 않아야 진정한 행복의 길로 나아갈 수 있으며, 고통과 번뇌를 직시해야 참된 즐거움을 느낄 수 있다. 그런 의미에서 우리들의 궁극적인 인생의 목표는 바로 영원한 행복의 길로 나아가는 것이다. 이것이야말로 살아가는 목적, 삶의 원칙, 살아가는 자세라고도 말할 수 있다.

우리가 어떤 길을 가야 하는가, 올바른 인생길에 대한 정답은 이미 나와 있다. 그 길의 안내자도 이미 있다. 바로 부처님이다. 부처님은 우리에게 올바른 길을 제시했다. 당신이 가르친 대로 인생을 살면 영원한 행복을 얻을 수 있다고 했다. 이것이 불교적으로는 깨달음이며 열반이다.

올바른 인생의 네 가지 기준

서두에 질문을 던졌다. 지금 올바른 길을 가고 있는가? 이 질문의 답을 알 수 있는 기준은 첫 번째, 올바른 길로 인도하는 스승의 유무이다. 나를 올바른 길로 인도하는 스승이 있는가를 스스로 자문해볼 필요가 있다. 스스로 물었을 때 '없다'라는 대답이 돌아온다면, 설령 스스로 잘 살고 있다고 생각할지라도 그게 아닐 수도 있다. 마치 내가 원효사로 가고 있으면서 지산유원지로 가고 있다고 굳게 믿은 것과 같다. 내 발로 불행의 길을 걸으면서도 스스로는 행복하다고 생각할 수도 있다.

두 번째, 스승에 대한 믿음과 스승이 제시한 길에 대한 절실함이다. 내 앞에 부처님이 있다고 하더라도 부처님이 제시하는 그 길에 대한 확고한 믿음이 있어야 한다. 믿음이 있기 위해서는 확고하게 올바른 길로 가고자 하는 절실함이 있어야 한다. 내게 아무리 훌륭한 스승이 있다 하더라도 스승에 대한 믿음이 없거나 스승이 제시한 길에 대한 절실함이 없다면 내가 지금 올바른 길로 가고 있는지, 내가 지금 행복한지, 내가 행복한 길로 가고 있는지를 장담할 수 없다. 행복하다는 것은 나의 착각이요, 사실은 불행의 늪에서 허우적거리고 있을지도 모른다. 올바른 기준도 없이 자기 생각만을 믿으면 안 된다. 올바른 기준에 근거하여 자신을 판단해야 한다.

셋째, 내가 지금 어디에서 무엇을 하고 있는지에 대한 성찰이다. 내가 의도하지 않게 원효사로 간 것은 내게 주어진 신호를 무시하고 간과했기 때문이다. 코로나19로 주목받은 법칙이 있다. '1대 29대 300의 법칙(하인리히 법칙)'이다. 한 번의 치명적인 재해가 일어났을 때는 그 전에 인간이 인지할 수 있는 29번의 경고가 있었으며, 인간이 인지할 수 있는 29번의 경고가 오기 전에는 300번의 아주 사소한 경고가 발현됐다는 것이다. 인생도 마찬가지이다. 내가 지금 잘못된 길을 가고 있는지 아닌지를 파악할 수 있어야 한다. 나의 몸과 마음 그리고 주변에서 보내오는 경고를 읽을 수 있어야 한다. 다시 말하면 자기 성찰이 일상화되어 있어야 한다. 그래야만 올바른 길을 갈 수 있다.

다시 생각하는 질문, '나, 제대로 살고 있나?'

정리하자면 올바른 길을 제시하는 스승이 있는가? 스승이 제시하는 길에 대한 확고한 믿음과 그 길을 가야만 하는 절실함이 있는가? 자기 성찰(수행)이 나에게 일상화되어 있는가? 지금 나의 삶이 이 세 가지 기준에서 크게 어긋나지 않는다면 당장은 만족스럽지 못할지라도 방향은 올바르게 가고 있다. 반면 세 가지 기준 중에 하나라도 결격 사유가 있다면 방향 자체가 잘못되었을 수도 있다.

살다가 '이렇게 살아도 되나?', '사는 게 뭔가?', '이렇게 살아서 뭐 하나?'라는 질문이 떠오른다면, 오늘 이야기한 세 가지 기준을 스스로에게 물어보기 바란다.

행복을 갈구하지 않아야
진정한 행복의 길로
나아갈 수 있으며,
고통과 번뇌를
직시해야 참된 즐거움을
느낄 수 있다.

▶ 증심사 칠성탱화 중 부처님께 공양 올리는 시동시녀들(우측 상단)

2장

종교적

믿음과

불교의

믿음

믿음의
바탕

뮤지컬 〈싯다르타〉에서 발견한 믿음의 문제

얼마 전에 뮤지컬 〈싯다르타〉를 관람하고 왔다. 나는 뮤지컬이라는 것을 처음 봤다. 처음에는 '녹음한 것을 틀어주는 건가?' 생각했을 정도로 훌륭한 공연이었고 새로운 경험이었다.

뮤지컬 〈싯다르타〉는 출가하기 전까지 싯다르타 태자의 삶을 묘사한 1부와 출가한 이후, 즉 수행자로서의 싯다르타의 모습과 깨달음을 성취하는 수행자 싯다르타를 표현한 2부로 나뉜다. 2부의 내용 중에서 인상 깊은 장면이 몇 있었다. 깨달음 직전에 싯다르타가 갈등하는 장면이 나온다. '이렇게 고행을 하다가 죽으면 어떻게 하나?'라는 갈등을 느끼고, '죽음을 불사한 수행의 끝에는 무엇이 있을까?'라는 수행의 결과에 대한 불확신으로 고민하는 모습도 나온다.

그 장면을 보다 보니 출가하고 선방에 다니던 시절이 생각났다. 선방에 다니면서도 '이렇게 열심히 한다고 해서 진짜로 뭐가 되기는 하는가?' '과연 깨달아지기는 하나?' '이렇게 해서 나아지는 것이 무엇이 있지?' 하는 의구심이 들었다. 몇 년을 앉아 있어도 변하는 것이 없으니까 깨달음이란 게 실제 있는 것인지 고민하기도 했다.

그러면서 동시에 우리 신도님들, 불자님들을 생각했다. 나름대로 불자라고 절에 다니고 있고, 또 배운 대로 깨달음을 얻고 싶다는 마음이 조금이라도 있는 분이라면, '뮤지컬 속 싯다르타처럼 깨달음을 얻기 위해 목숨까지 내던질 각오로 살아야 하는가? 그렇게 깨달음을 얻기 위해 온몸을 던질 사람이 과연 나를 포함하여 몇이나 되겠는가? 있기는 하겠는가?' 이런 의문이 들 수도 있을 것이다.

일상에서의 믿음

일상생활에서 우리에게 요구되는 믿음이 죽음과도 맞바꿀 수 있을 정도로 강력한 것이어야 할까? 일상생활에서 요구되는 신심은 분명 그 정도는 아닌 것 같다. 뮤지컬을 보다 보면 '불자라면 저렇게 굳은 각오와 결연한 의지로 수행을 해야 하는데… 나는 왜 그렇게 못 하지? 이렇게 살면 안 되는데… 나는 정말 부족한 사람이야…'라는 생각이 절로 들 수 있을 듯하다.

그런데 이런 의문도 함께 들었다. '싯다르타처럼 목숨을 걸고 수행을 하는 수행자마저도 스스로의 수행에 대한 믿음이 흔들리는데, 우리 같은 중생들이 어떻게 저러한 믿음을 가지고 살 수 있을까?' 만약 불교가 우리에게 요구하는 믿음이 목숨을 걸 정도의 결연한 각오와 굳건한 신념이라면 불교는 그야말로 극소수를 위한 수행 시스템에 불과할 것이다. 그런 것이 불교라면 이 세상에 진정한 불자는 정말 얼마 안 될 것이다. 설령 인생의 한순간 그런 각오를 가지고 살았다 치더라도, 평생을 그렇게 살 수는 없을 것이다.

일상에서 수행을 할 때, 우리에게 요구되는 것은 물러섬이 없는 목숨을 건 불퇴전(不退轉)의 수행이 아니다. 수행은 어제보다 더 나은 오늘, 오늘보다 더 나은 내일을 내 힘과 내 노력으로 만들어가겠다는 자세를 잃지 않는 것이다. 이 정도의 마음이라도 있으면 불자로서 충분히 흔들리지 않는 삶을 살 수 있다.

경전에서의 믿음

한편, 실제 경전에 보면 부처님의 깨달음과 관련하여 이런 이야기가 나온다. 마왕 파순은 저 수행자(싯다르타)를 그냥 두면 더없이 높은 깨달음을 얻을 것 같으니 세 딸을 보내서 그에게 욕정이 남아있는지 시험한다. 하지만 싯다르타가 유혹에 넘어가지 않자 다시 마왕 파순은 싯다르타에게 갖은 근심과 불안함이 일어나도록 유혹하지만, 싯다르타는 흔들리지 않았다. 화살이 쏟아지는 무력에도 싯다르타가 굴복하지 않자 마지막으로 마왕 파순은 싯다르타에게 전륜성왕의 지위를 주겠다고 회유한다. 싯다르타는 그마저도 거부하고, 마침내 새벽 별 아래에서 깨달음을 이룬다. 이 이야기는 기실 싯다르타가 자기 안에 어떤 욕망이 남아있는지 관찰하는 과정이었다. 욕망과 번뇌가 얼마나 남아있는지 스스로 관찰하고 확인하는 과정이었다.

실제 경전에는 이러한 내용이 담겨 있지만, 뮤지컬 〈싯다르타〉에서는 믿음의 문제, 확신의 문제로 이야기를 풀어나갔다. 이렇게 고생을 해서 수행을 하는데 정말로 내가 원하는 결과가 이루어질까? 자기 수행의 결과에 대한 확신이 없는 것이다. 확신은 확고한 믿음이다.

믿음은 어디에서 오는가?

'초발심시변정각(初發心是便正覺)'이라는 말이 있다. 처음 내는 마음이 곧 올바른 깨달음이라는 뜻이다. 그만큼 처음에 발심하는 것이 중요하다. 초발심은 결국 믿음이다. 부처님에 대한 믿음이며 더 정확하게는 부처님의 가르침에 대한 믿음이다. 이렇게 수행하면 반드시 열반에 이를 것이라는 믿음이 곧 발심이다.

그 믿음은 도대체 어디에서 오는 것일까? 가만히 있으면 믿음이 생길까? 하루 세 번 부처님께 절을 하면 믿음이 생길까? 하루에 한 번씩 『금강경(金剛經)』을 독송하면 일 년 안에 믿음이 생긴다는 보장이 있는가? 객관적이고 확실한 근거가 없다. 어느 경전에도, 어느 누구도 이러이러하게 하면 이러이러한 믿음이 생긴다고 명쾌하게 말하고 있지 않다. 그래서 발심하는 것이 힘든 것이다.

본능과 습관은 믿음과 관련이 없다

요즘 새벽예불을 하고 나오면 세상이 환해져 있다. 새벽에 새들의 울음소리가 무척 크다. 새벽에 저렇게 크게 울면 먹이가 생길 것이라는 확실한 믿음이 있어서 새들이 저렇게 우는 것일까? 아니다. 본능이다. 본능에는 믿음이 필요 없다. 결과에 대한 아무런 생각이 없기 때문이다. 본능적인 행동에는 신념이나 믿음이 필요하지 않다.

한편 습관적으로 하는 행동들도 많다. 아침에 일어나서 물을 마시고 소변을 보고 옷을 입고 버스를 타고… 습관도 본능과 마찬가지로 믿음이 필요하지 않다. 몇 번 버스를 타면 몇 분 뒤에 어디에서 내린다는 사실을 이미 알고 있기 때문이다. 30분 뒤의 결과를 이미 알고 있다. 그래서 믿음이 굳이 필요 없다.

습관적으로 하는 행동들은 결과를 이미 알고 있기 때문에 믿음이 필요 없다. 정말 그럴까? 얼마 전에 타이베이에 여행 간 적이 있다. 세계 4대 박물관 중의 하나라는 대만 국립고궁박물원을 가기 위해 혼자서 버스를 탔다. 물론 버스에 타기 전에 버스가 몇 시에 오는지, 어디서 타는지, 몇 정거장이나 가는지, 어디서 내리는지, 요금은 언제 어떻게 내는지 등등 모두 인터넷을 통해 충분히 숙지했다. 과연 버스는 앱이 알려준 시각에 맞춰서 왔다. 하지만 버스를 타고 가는 내내 마음 한구석이 불안한 것은 어쩔 수 없었다. 외국의 낯선 도시에서, 그것도 처음으로 타보는 버스이니 당연히 불안할 수밖에 없다. 왜 불안했을까? 모든 것이 처음이라 결과를 신뢰할 수 없었기 때문이다. 사실 우리들이 습관적으로 아무렇지도 않게 하는 행동들도 처음 경험하는 외국인에게는 낯설고 어렵고 그래서 신뢰할 수 없다. 우리가 습관적으로 행동하는 이유는 그러한 습관적 행동의 결과를 충분히 알고 있기 때문이다.

합리적으로 생각해서 결과를 예상할 수 있는 경우도 그다지 믿음을 요구하지 않는다. 예를 들어 처음 가 보는 동네로 운전을 해서 간다고 하자. 요즘은 흔히들 내비게이션을 켜고 간다. 여기에도 특별한 믿음이 필요한 것은 아니다. 왜냐? 합리적으로 추론할 때 내비게이션은 GPS 정보를 토대로 과학적인 정보를 주는 것이기 때문이다.

불확실성이 믿음을 유발한다

여기에서 중요한 것을 알 수 있다. 우리는 미래에 대해 알 수 없다. 신이 아닌 이상 죽었다 깨어도 미래를 알 수 없다. 동서고금을 막론하고 사람들이 점쟁이를 찾아가는 것은 이런 이유 때문이다. 미래를 알 수 없으니까 점쟁이라도 찾아가는 것이다.

예를 들어 '나는 1년 뒤에 광주 시내의 번듯한 카페 사장이 되고 싶다'라는 꿈이 있다고 하자. 스스로도 나의 다짐, 나의 꿈을 믿지 못한다. 왜냐? 미래를 알 수 없으니까. 그러면 과학적으로 따져보자. 내가 가진 자본이 얼마이고 예상 수요는 얼마나 될 것이며 상권 분석은 어떻게 되는가를 따져보는 것이다. 그러나 이런 것도 성공할 확률을 가늠하는 것이지 확실한 믿음을 주지는 못한다. 그런데 용하다고 소문난 점쟁이가 "어느 동네에다 카페를 차리면 된다."라고 말한다면 어떨까? 만약 내가 그 점쟁이를 믿고 신뢰한다면, 그 말에 믿음이 확 갈 것이다.

불확실성이 신을 만들어냈다

누가 그 정보를 나에게 주는가에 따라 정보가 담고 있는 결과에 대한 믿음을 가질 수도 있고 안 가질 수도 있다. 그렇다면 이 '누가' 중에서 가장 믿고 신뢰하는 대상은 누구일까? 역사적으로 가장 신뢰받은 대상은 신이다. 인간들끼리는 어떻게 하면 풍년이 들고 비가 내리는지를 알 수 없는데 신은 모든 것을 알고 모든 것을 능히 다스린다. 왜냐하면 신은 전지전능한 존재이기 때문이다. 인간이 신을 창조한 이유가 바로 여기에 있다.

미래에 대한 확신이 없기 때문에 모든 것을 알고 모든 것을 다스릴 수 있는 존재를 만들어냈다. 그것이 바로 신이다. 그후에 인간이 할 일은 딱 하나이다. 신에게 잘 보이기만 하면 원하는 바를 이룰 수 있다. 그래서 모든 종교는 신에 대한 믿음을 강조한다. '유구필응(有求必應)'이라는 말이 있다. 구하면 반드시 이루어진다는 뜻이다. 이런 말이 나오게 된 것도 같은 맥락이다. 믿지 않으면 신은 존재할 필요가 없다. 만약 누군가에게 얻어낼 것이 있는데 모든 것을 그 사람이 틀어쥐고 있다면, 내가 할 수 있는 일은 단 한 가지뿐이다. 교태를 부리든 아양을 떨든 무슨 수를 쓰든지 간에 오로지 그 사람의 눈에 드는 것밖에 없다. 역사적으로 인간들이 신에게 한 것은 오로지 그것이다. 무언가를 갖다 바치면서 간절하게 비는 것이다. 신에게 드리는 것이 크고 간절할수록, 내가 원하는 바를 이룰 수 있는 확률도 커진다.

그래서 우리 인간들은 언제부터인가 절대적인 존재에 대한 믿음을 가지게 되었다. 그 존재에 대한 믿음이 크면 클수록 미래에 대한 불확신과 두려움은 작아진다. 신에 대한 믿음이 절대적이면 미래에 대한 불안이 아예 없어지는 이유이다. 신이 다 해줄 것이라고 믿기 때문이다. '절대적으로 신을 믿으면 미래에 대한 불안이 사라진다.' 이것이 바로 아무리 현대 과학이 발달해도 여전히 신이 존재하는 이유이다.

불자는 무엇을 믿을 것인가?

그런데 부처님은 전지전능한 신이 아니다. 깨달음을 성취하고 열반을 증득하려면 열반에 대한 확신이 있어야 한다. 깨달으려면 깨달음에 대한 믿음이 있어야 하는데 부처님은 신이 아니다. 그렇다면 우리는 도대체 무엇을 믿어야 할까? 문제는 이것이다.

제일 쉬운 것은 불교 내에서 만들어 낸 관세음보살님 같은 신적인 존재를 믿는 것이다. "나는 무조건 관세음보살님에게 기도하겠어." 이것도 하나의 방법이다. 부정할 수 없다. 그렇게 하는 과정에서 발원하고 발심하면 된다.

더 근본적인 생각을 해보자. 어쨌거나 싯다르타라는 수행자가 깨달음을 얻고 나서 당신이 수행한 방법과 결과를 말씀하셨다. 문제는 믿음이 안 가는 것이다. 경전의 가르침을 아무리 봐도 도무지 믿음이 가지 않는다. 믿음은 과연 어디에서 오는가?

싯다르타가 수행을 한 데는 그만한 이유가 있을 것이다. 경전에는 '사문유관(四門遊觀)'이라 하여 네 개의 성문 밖을 차례대로 나가면서 병든 사람, 늙은 사람, 시신을 보고 마지막으로 수행자를 봤다고 한다. 이 이야기는 싯다르타 태자가 늙고 병들고 죽는 문제에서 어떻게 하면 벗어날 수 있을까 고민한 끝에 수행을 선택했다는 것을 은유적으로 표현하고 있다.

'삶은 고통'이라는 사실에서 믿음이 나온다

여기에 정답이 있다. 우리가 믿음을 가지려면 싯다르타 태자처럼 하면 된다. 싯다르타가 수행을 결심한 것은 인생에서 고통을 느끼고 그 고통에서 벗어나고자 하는 마음이 컸기 때문이다. 우리도 마찬가지이다. 우리의 삶이 고통이라는 걸 뼈저리게 느끼는 것이 바로 열반을 향한 의지이다. 수행에 대한 믿음은 바로 거기에서 나온다.

흔히 말하기를 불교는 영원한 행복을 지향한다고 한다. 그런데 행복해지려고 노력하면 노력할수록, 절대 행복해질 수 없다. 행복해지고 싶다는 욕망이 있는 이상 욕망이 나를 고통으로 밀어 넣기 때문이다. 우리가 바라는 것은 영원한 행복인데, 영원한 행복을 바라면 죽었다 깨어나도 영원한 행복을 얻을 수가 없다. 그럼 말이 안 맞다. 그러니 다시 부처님이 하신 말씀을 돌이켜 보자. 영원한 행복이란 것은 번뇌의 뿌리가 완전히 뽑힌 것이다. 번뇌를 완전히 종식한 것이다. 고통이 완전히 사라진 것이다. 무턱대고 행복하려고 노력할 것이 아니라, 부처님이 처음 출가를 결심하고 수행을 하고자 했을 때의 그 마음을 돌이켜 보아야 한다. 우리의 삶이 고통이라는 것을 직시해야 한다. 그래서 어떻게든 고통에서 벗어나야겠다는 마음을 내야한다. 이런 마음이 수행에 대한 믿음, 가르침에 대한 믿음과 확신을 가져다준다.

티베트불교에서는 제일 먼저 죽음에 대해서 깊이 생각하고 고민하라고 말한다. 죽음에 대해 항상 명상하는 것. 이것이 수행에 들어가는 제일 첫 단계이다. 왜 죽음에 대해 명상하는가? 인생이 고통스러운 이유가 거기에 있기 때문이다. 내가 어떤 삶을 살든 그 끝은 죽음이라는 사실 그 자체가 우리를 두렵게 하고 괴롭게 한다. 우리 삶이 고해의 바다일 수밖에 없는 이유는 우리의 삶이 고정되어 있지 않고 끊임없이 변하기 때문이다. 삶과 죽음도 쉴 새 없이 변화하는 과정 중의 하나일 뿐이다. 인생이 무상하다는 것을 깊이 마음으로 느껴야 비로소 열심히 수행해야겠다는 믿음이 생긴다.

경전을 많이 보고 부처님 말씀을 줄줄 외운다고 곧바로 믿음이 생기는 것은 아니다. 오히려 내가 살아가는 하루하루가 고해의 바다라는 것을 매번 깊이 명상하는 데에서 믿음이 생긴다. 이 사실을 항상 마음에 두어야 내 안에서 열반에 대한, 깨달음에 대한 열망이 생기고 믿음이 생긴다. 이것이 바로 발심이다.

종교와
인간

기성 종교의 쇠락과 종교적 갈증

2005년부터 2021년까지 통계를 보면 종교를 믿지 않는다는 사람이 45%에서 60%로 늘어났다. 2021년 우리나라의 무종교인 비율은 60%, 불자 16%, 개신교 17%, 카톨릭 7%이다. 서울이나 광주 같은 대도시는 무종교인 비율이 평균을 훨씬 상회하여, 불자는 10%에 그친다. 광주 인구가 150만 명이라고 할 때 불자 비율이 10%라면 15만 명이라고 추산할 수 있는데, 이들이 모두 절에 다니는가 하면 그것도 아니다. 설문 조사 결과 불자라고 말하는 사람 중에 일주일에 한 번 이상 절에 간다는 사람은 6%에 불과하다. 광주 인구로 치면 8,000명 정도다. 광주에서 초파일 행사를 하면 아무리 많이 모여도 3,000명 정도 모인다. 통계 수치가 전혀 근거 없는 말은 아니다. 불자는 불자인데 절에 가지 않는 '나 홀로 불자'가 많다는 방증이다.

한편 몇 년 전부터 참선수행이나 명상을 원하는 사람들의 숫자가 꾸준하게 늘어나고 있다. 명상 박람회도 매년 열리고 있다. 미국의 경우 이미 명상 산업이 성행하고 있다. 이상한 일이다. 기성 종교는 쇠퇴하고 있고 불교 역시 그러한데 명상을 찾는 사람들은 꾸준하게 늘어나고 있다. 이게 다가 아니다. 광주·전남 지역의 엘리트들이 모인다는 대학교 근처에서는 말도 많고 탈도 많은 신천지가 득세하고 있다. 종교를 안 믿는 사람들은 늘어나는데 왜 이런 사이비 종교나 신흥 종교는 사라지지 않고 오히려 더 활개를 치는 것일까?

민간 신앙 또한 우리 안에서 사라지지 않았다. 가까운 예로 일상에서 일이 풀리지 않으면 점을 보러 가는 게 여전히 흔히 있는 일이다.

얼마 전 정말 오랜만에 실내 세차를 했다. 차를 찾으러 가니까 청소하시는 분이 "의자 밑에 천 원짜리가 있길래 그 자리에 그대로 뒀다."라고 하는 것이다. 실수로 흘린 것인데 스님이 나름대로 중요한 이유가 있어서 거기에 두지 않았을까 생각했다고 한다. 이를테면 부적 같은 것으로 생각한 것 같아 웃음이 나왔다.

그러나 마냥 웃을 수 없는 것이, 예전에는 예수님이나 부처님이 신이었는데 요즘은 돈이 신이다. "부자 되세요!", "대박 나세요!" 하는 말이 덕담인 시대다. 이런 표현에 비추어 보면 요즘 사람들은 돈을 많이 버는 것을 아주 당연하게 생각한다. 또 돈이 많은 것을 해결해 줄 수 있다고 생각한다. 물론 "행복은 돈으로 살 수 있는 게 아니다."라고 부정하겠지만, 행복의 많은 부분은 돈으로 살 수 있다. 꿈에 그리던 내 집을 마침내 장만했다면 당연히 행복할 것이다. 마음에 드는 옷을 사면 기분이 좋고, 비싼 돈을 주고 맛있는 음식을 먹으면 역시 행복하다. 100%는 아니지만 많은 부분에서 돈으로 행복을 살 수 있다. 그러니까 요즘 사람들은 돈을 신으로 삼는다. 종교 없는 사람들 대부분이 '돈교'를 믿는 것이 아닐까 싶기도 하다. 이렇게 생각하니 청소하시는 분의 말이 마냥 가볍게만 들리지 않는 것이다.

이처럼 기존 종교는 쇠퇴하는데 인간은 여전히 여러 가지 형태로 종교적인 행동을 보인다. 왜 인간들은 여전히 종교적 갈증에 허덕이고 있을까? 모든 종교는 결국 인간이 가지고 있는 실존적인 물음에서 출발한다. 바로 죽음에 대한 두려움이다. 죽음이 두렵기 때문에 사람들은 종교를 찾는다. 죽음이 두렵기 때문에 죽음을 직면하려 하지 않는다. 대신 나 자신에게 집착한다. 자신에 대한 집착은 더 많은 욕심과 내 마음대로 되지 않는 현실에 대한 분노를 키운다. 또한 자신에 대해 집착하는 만큼 막연한 두려움과 미래에 대한 불안 역시 커진다. 미래에 대한 불안이 나를 위협하기에 인간은 삶의 안정감을 찾고자 노력한다. 현대인들이 돈에 매달리는 이유 중의 하나는 통장에 돈이 많으면 마음이 편하고 미래가 그나마 덜 불안하기 때문이다. 여기에 더해 기성 종교는 '신을 믿으면 미래를 보장받을 수 있다. 천당에 갈 수 있다.'라는 식으로 내세를 보장해 준다.

인간의 실존적 상황은 아무리 인류 문명이 발전한다 한들 변할 리 없다. 다만 기성 종교가 변화하는 현실에 적응하지 못했을 뿐, 인간은 21세기의 현대에도 여전히 종교적 갈증에 목말라하고 있다.

종교가 인간에게 요구하는 것

종교는 인간에게 부족한 무언가를 채워 준다. 올바르게만 믿는다면 종교는 인간에게 마음의 평화, 안락한 인생, 세상에 대한 희망 같은 것들을 제공한다. 대신 종교는 인간에게 욕심을 줄이고 조건 없이 이웃을 사랑할 것을 요구한다. 종교생활의 절반은 기도하고 절하고 예불하는 것이다. 자신이 믿는 존재 앞에 자신을 낮추는 것이다. 그것을 통해 우리는 개인의 욕심을 줄이고 이웃을 사랑하는 마음을 키워 간다. 그러므로 종교생활에 있어서 정말 조심해야 할 것은 나의 이기심을 채우기 위해 종교를 이용하는 것이다. 종교적 이기심이란 다른 것이 아니다. 종교가 우리에게 요구하는 것은 행하지 않고, 주는 것만 얻어내려는 마음이다. 이기심을 버려야만 종교가 제공하는 것들을 누릴 수 있다. 그렇지 않다면 종교는 개인의 욕심을 채우는 도구에 불과할 뿐이다.

얼마 전 이웃 종교를 믿는 분이 상담을 하러 왔다. 그분에게는 초등학생 아들이 하나 있는데 철학관에서 아들 사주가 좋지 않으니 아들을 절에 팔라고 했다. 팔 수 없으면 보시를 크게 하라고 했다. 안 그래도 마음 한구석이 불안했는데 그 말을 듣자 불안한 마음을 걷잡을 수가 없게 되어 증심사까지 찾아오게 된 것이다. 그분에게 말했다. "불안하니까 그런 이야기에 마음이 더 걸리는 것입니다. 평소에 마음을 건강하게 했다면 그런 불안이 마음을 병들게 하지 않았을 겁니다. 지금 믿고 있는 신에 의지하여 마음을 건강하게 하십시오. 마음이 건강해지면 불안감은 자연스럽게 없어질 것입니다." 그러자 그분은 마음이 놓인다며, 열심히 기도하겠노라고 내게 말했다.

　이분은 불안을 덜기 위해 점 같은 민간 신앙에 의지했으나 오히려 불안을 더 키우고 말았다. 이처럼 종교에 지나치게 의지하거나 혹은 종교를 맹신하거나 아니면 잘못된 믿음을 고수하는 것은 오히려 독이 된다. 종교가 독이 되는 이유는 이기적인 마음으로 종교를 대하기 때문이다. 종교가 인간에게 요구하는 것, 즉 이기심을 줄이는 것만 제대로 해도 인간은 종교로부터 많은 것을 얻을 수 있다.

올바로 알아야
제대로 믿는다

종교로부터 무언가를 얻으려면, 우선 종교를 믿어야 한다. 그래서 '믿음'에 대해서 생각하면 대개 종교적인 신앙을 먼저 떠올리게 된다. 그러나 '신념(信念)', '신뢰(信賴)', '자신감(自信感)', '확신(確信)', '맹신(盲信)', '미신(迷信)' … '믿음이 간다', '나를 믿어 봐' 등 일상적인 대화에서도 많이 쓰이는 말이 '믿음'이다. 예를 들어 등산을 한다고 하자. 초행길을 혼자서 간다면 누구할 것도 없이 마음 한구석이 불안하다. 표지판이 나올 때마다 멈춰서서 확인하고, 또 맞은편에서 내려오는 사람이 있으면 "이리로 가면 정상이 나와요?"라고 물어본다. 길이라고는 이 길밖에 없는데도 말이다. 하지만 동행인이 있으면 덜 불안하다. 만약 그 동행인에게 있어 이 길이 초행길이 아니라면 더더욱 그렇다.

여러 가지 믿음들

자신감이란 자기 자신의 행동에 믿음을 가지는 것으로, 일상생활에서 매우 중요한 믿음 중의 하나이다. 자신감이 없으면 뭘 하더라도 불안하고 남이 눈치를 보게 되지만, 자신감이 있으면 나의 행동이 만들어낼 결과에 대한 믿음이 있기 때문에 불안하지도 않고 남의 눈치도 덜 보게 된다.

　자신에 대한 믿음이 있으려면 우선 자신에 대해 잘 알아야 한다. 그러나 자신을 안다는 것이 곧바로 자신에 대한 지식이 많음을 의미하는 것은 아니다. 자신의 가치관, 정치적 신념,

자신의 성격, 식생활의 기호 같은 것은 자신에 대한 지식이다. 당연한 이야기지만 나 자신은 글이나 말의 형태로 나의 바깥에 박제화된 정보가 아니다. 나에 대한 지식은 나에 대한 정보를 아는 것에 불과하다. 나는 정보가 아니라, 지금 이 순간 생생하게 살아 움직이는 나 자신, 지금 이 순간 자신의 감정, 생각 그리고 행동이다. 자신을 안다는 것은 지금 이 순간의 자신을 안다는 의미이다. 매 순간의 자신을 놓치지 않고 느끼고 경험하는 것이 곧 자신을 아는 것이다. 그러니까 스스로를 성찰할 수 있어야 자신을 알 수 있고, 자신을 알아야 자신에 대한 믿음도 생길 수 있다. 자신에 대해서 알지도 못하면서 어떻게 자신에 대한 믿음을 가질 수 있겠는가? 자신에 대해 무지한 상태에서 가지는 자신감은 맹목적인 자만심에 불과하다. 자신에 대한 믿음은 자기 성찰에서 나온다.

신뢰라는 단어에서 '뢰(賴)'는 의지한다는 뜻으로, 신뢰한다는 말은 곧 믿어서 의지한다는 말이다. 비록 당장 구체적으로 무엇을 어떻게 해야 할지 몰라도 그 사람과 같이 한다면 마음이 든든한 경우가 있다. 나에게 믿음을 주기 때문에 의지할 만한 사람이다.

신념은 자신이 무엇을 왜 믿는지 체계적이고 논리적으로 정리하여 조목조목 이야기할 수 있을 정도로 잘 정리된 믿음이다. 확신은 그냥 믿는 것이 아니라 확실하고 분명하게 믿는 것이다.

반면 맹신은 묻지도 따지지도 않고 무턱대고 믿고 보는 것이다. 믿음에 아무런 근거도, 이유도 없다. 남들이 믿으니까, 지금까지 다들 그렇게 생각하고 있으니까 나도 그렇게 생각한다. 미신의 미(迷)는 '미혹하다', '헤매다'라는 뜻이다. 미신은 제대로 알지 못하여 헤매다가 그릇된 길로 갈 수도 있는 믿음이다. 미신과 맹신은 가까운 거리에 있다.

이렇듯 믿음은 일상에서 흔히 쓰는 단어 속에 깊이 스며들어 있다.

믿음은 어디에 있는가?

아무리 사소한 행동이라도 믿음이 없다면 이루어질 수 없다. 밥을 떠서, 입에 넣고, 씹어서, 삼키는 행동은 건강한 사람이라면 누구나 아무런 문제 없이 잘할 수 있다. 그러나 혼자서 식사하기 힘든 환자라면 문제가 완전히 달라진다. 그 환자는 최소한 식사하는 자신만큼은 믿을 수 없다.

플라톤은 '믿음은 확인된 지식'이라고 했다. 지식 그 자체는 정보에 불과하기 때문에 지식을 확인한다는 것은 지식이 가리키는 실체를 경험이나 과학적 검증을 통해서 확인하는 것이다. 믿음은 정보에 있지 않고 정보가 가리키는 실체에 있다.

예를 들어 첩첩산중에 작은 산골마을이 있다고 하자. 이 마을에 사는 사람들은 한 번도 서울에 가 본 적이 없다. 마침내 한 사람이 서울에 가게 되었다. 서울에 갔다 온 그는 서울에는 산만큼 큰 집이 있는데 그 이름을 경복궁이라고 한다고 하였다. 아무도 그의 말을 믿지 않았다. 그러자 그는 자신이 본 것을 확인시켜 주기 위해 다른 마을 사람을 데리고 서울에 가서 직접 눈으로 확인시켜 주었다. 마을 사람들은 직접 눈으로 보고 온 사람에게 정말 경복궁이 있냐고 물었다. 당연히 있다고 했을 것이고, 이번에는 많은 사람들이 그 사실을 믿게 되었다. 그러나 여전히 반신반의하는 사람들이 있었다. 그래서 그 사람은 여전히 믿지 못하는 사람들을 데리고 서울로 가서 직접 눈으로 확인시켜 주었다. 그제서야 사람들은 믿게 되었다. 이후 이 마을 사람들에게 서울에 가면 경복궁이 있다는 것은 너무나 당연한 사실이 되었고, 이 사실은 대대손손 전해지게 되었다. 막연한 믿음을 사실에 기반한 확신으로 탈바꿈하려면 직접 확인하는 것이 가장 효율적이다.

믿음의 4대 요소

첫 번째, 욕망.

눈으로 보고 귀로 들어서 확인하기 쉬울수록 믿음의 필요성은 줄어든다. 그 반대일수록 믿음의 필요성은 강해질 것이다. 믿음이 강하면 강할수록 행동하는 힘도 강하다. 믿음이 없다면 어떤 행동이든 시작할 수 없다.

욕망은 지금 여기에 결핍된 것, 부족한 것을 채우고 싶어 하는 마음이다. 행동한다는 것은 지금 여기에 있지 않은 것을 있도록 하는 것이다. 그러나 지금 여기에 없기 때문에 당장 눈으로 확인할 수 없다. 확인할 수 없기 때문에 믿을 수밖에 없다. 그러므로 믿음은 지금 여기서 확인할 수 없는 그 무엇을 해내려는 의지이다. 당연히 욕망이 강할수록 행동의 의지도 강할 것이다. 때문에 욕망이 없다면, 혹은 아주 약하다면 하고자 할 의지 역시 없거나 약할 것이다. 애초에 욕망이 없다면 믿음이 생길 이유도 없다. 그러니까 욕망은 믿음을 구성하는 가장 기본적이고 반드시 필요한 요소이다.

두 번째, 욕망의 대상.

욕망이 있다면 그 욕망을 해소하기 위해 무엇을 채워야 할지 알아야 한다. 즉 욕망의 대상에 대한 지식이 있어야 한다. 욕망만 있다고 해서 곧바로 행동에 돌입할 수는 없다.

하루하루 사는 것이 다람쥐 쳇바퀴 도는 것 같아 답답해하는 사람을 예로 들어 보자. 그는 갑갑한 일상을 벗어나고 싶어 한다. 여기까지는 욕망에 해당한다. 그러나 뭘 어떻게 해야 할지 도무지 떠오르는 것이 없다면, 욕망은 안으로 곪아 마음을 괴롭게 할 뿐이다. 대신 '어디론가 떠나자! 어디가 좋을까? 제주도? 그래, 제주로 휴가를 가자!' 이런 생각을 하게 되면 욕망을 분출할 대상이 생긴다. 제주도로 휴가를 가야겠다고 생각하자마자, 환상의 섬 제주에서 휴가를 즐기는 자신의 모습을 상상하기 시작한다. 마음은 벌써 제주도에 가 있는 것이다. 욕망의 대상이 생기면 상상하기 시작하고, 상상하다 보면 현실화

시키고자 하는 의지가 생기고, 결국 행동으로 나아가게 된다. 이렇듯 뭔가를 하려면 욕망만 있어서도 아니 되며, 반드시 욕망을 해소할 대상을 찾아야 한다.

세 번째, 기존의 믿음.

욕망의 대상을 찾았다고 해서 무조건 행동으로 돌입하는 것은 아니다. 다시 제주 휴가의 예로 돌아가 보자. 처음엔 상상하는 것만으로도 갑갑함이 싹 사라지는 것 같았는데, 문득 의심이 든다. '제주도에 간다고 해서 과연 이 갑갑함이 완전히 해소될까?' '제주에 값도 싸면서 시설도 좋아서 휴가를 즐기는 데 더없이 좋은 그런 숙소가 있을까?' 왠지 믿음이 가질 않는다. 여기에 뭔가가 더 추가되어야 한다. 믿음은 결코 무에서 창조되는 것이 아니다. 믿음은 반드시 기존의 이미 검증된 다른 믿음을 전제로 한다.

어떤 숙박 시설에서 묵을 것인지, 여행 코스는 어떻게 잡을 것인지 뭐 하나 믿음직스럽게 보이는 것이 없다. 이럴 때 쉽게 찾는 것이 믿을 만한 추천 사이트이다. 여기서 평점이 높은 숙박 시설을 고르고, 많은 사람들이 추천하는 코스를 선택한다. 이렇게 한다면 공신력에 기대는 것이 된다. 평소에 신뢰하는 사람의 조언을 듣고 그대로 휴가 계획을 세울 수도 있다. 아니면, 그럴 일은 거의 없겠지만 꿈속에서 신의 계시를 받아, 신의 계시대로 휴가를 보낼 수도 있다.

이렇듯 기존의 이미 검증된 믿음은 여러 가지이다. 그중 가장 대표적이고 가장 오래된 것이 종교이다. 그리고 근대 이후 종교의 자리를 대신한 것이 과학이다. 공신력도 기존의 믿음 중 하나이다. 공신력은 믿음을 주는 것으로 이미 사회 저변에 자리 잡고 있는 것을 말한다. 가까이에 있는 신뢰하는 사람 역시 흔히 기대는 요소 중 하나이다. 아무리 욕망이 강하고 욕망의 대상이 분명하다 하더라도 기존의 믿음에 기대지 않는 한 결코 안정적인 믿음은 생기지 않는다.

네 번째, 실행 능력.

욕망도 강하고, 욕망의 대상도 분명하고, 기댈 수 있는 기존의 믿음이 있다 하더라도 그 믿음을 실행할 능력이 본인에게 없다면 그러한 믿음은 백일몽에 불과하다. 한순간 강하게 일어나더라도 곧 현실을 돌아보고 나면 사그라들 수밖에 없다.

제주 휴가의 경우, 믿을 만한 휴가지와 일정도 추천받았다. 그런데 정작 가려고 보니 주머니에 돈이 없다면, 아니면 주머니 사정은 넉넉한데 도저히 시간을 낼 수 없다면 이 모든 노력은 수포로 돌아갈 수밖에 없다. 제주로 휴가를 가면 갑갑함이 완전히 사라질 거라는 사실에 대한 강력한 믿음 역시 사라질 것이다. 아무리 철석같이 믿는다 해도 현실에서의 실현 가능성이 매우 희박하다면 그 믿음은 오래가지 못한다.

믿음의 오류

욕망, 욕망의 대상, 기존의 믿음, 실행 능력이 갖추어져 있으면 행동에 대한 믿음은 쉬이 사라지지 않을뿐더러, 서로 상승 작용을 해서 믿음은 더 강해질 것이다. 그러나 실제 현실에서 항상 이 네 가지가 갖춰진다는 보장은 없다. 오히려 부족하기 십상이다. 이 네 가지 중 하나 이상이 부족하거나 없다면 믿음은 왜곡될 수밖에 없다.

첫 번째, 지나친 욕망이 빚은 오류.

이런 상황을 한번 상상해 보자. 공부를 잘하는 딸이 있다. 공부를 잘해서 학교를 졸업한 뒤에 공무원 시험 준비를 했다. 그런데 2년을 연거푸 아깝게 떨어졌다. 3년째가 되자 부모가 딸에게 이렇게 말한다. "우리 딸! 믿는다!" 이 말에는 액면 그대로 너를 믿는다는 의미만 있는 것이 아니다. 오히려 나의 믿음을 결코 저버리지 말라는 강한 요구도 함께 들어가 있다. 부모의 입장에서는 그저 딸이 잘되기를 바라는 욕망뿐이다. 그 욕망을 실현하려면 어떻게 해야 하는지(욕망의 대상), 믿을 만한 근거는 있는지(기존의 믿음) 모두 불확실하다. 무엇보다 자신들이 시험을 치르는 것(실행 능력)이 아니다. 결국 바라는 마음, 즉 욕망만 너무 강하다 보니 그것을 믿음으로 착각해 버릴 정도가 되었다. 그저 욕망만 있을 뿐 다른 어느 것 하나 제대로 구비되어 있지 않으면 욕망 자체를 믿음으로 착각한다. 욕망이 강하다 보니 그 자체가 의지를 만들어내는 상황이고, 그런 상황을 믿음으로 표현하는 것이다.

두 번째, 신에게 전적으로 의지하는 오류.

신은 전지전능하기 때문에 욕망의 대상과 실행 능력까지 제공해 줄 것이라고 단정 지어 버리는 경우를 말한다. 일상이 갑갑한 사람의 예로 설명해 보자. 억지스럽긴 하지만, 사는 게 너무 답답했던 그 사람은 자기 전에 신에게 간절하게 기도를 했다. "저를 이 답답한 일상으로부터 구해주소서!" 그리고 잠이 들어 꿈을 꾸었는데, "제주로 여행을 가면 너의 모든 답답함이 해소될 것이다. 조만간 너에게 돈이 생길 것이고, 휴가도 수월하게 허락받을 것이다. 그러니 내가 말한 곳을 숙소로 정하고 휴가를 즐기도록 하라."는 신의 계시가 있었다. 신의 계시를 받기 전에는 그저 욕망하기만 했을 뿐인데, 꿈속에서 계시를 받고 나서 무엇을 해야 할지 확고한 믿음이 생겼다. 믿음을 끌어내는 욕망 외에 다른 요소들을 신이 모두 제공했기 때문이다. 이는 신을 과대평가한 데서 오는 오류이다. 더 근본적으로는 욕망하기만 할 뿐 자신의 욕망을 직시하지 못하여 욕망이 과도하게 커져 버린 결과이다. 신이 아니면 해결할 수 없을 정도로 욕망이 비대해져 버린 상황이 문제이다.

세 번째, 과학과 공신력에 대한 맹신.

과학이 우리에게 믿음을 주는 이유는 과학이 가진 합리성, 객관성, 검증 가능성 때문이다. 그러나 과학적으로 보이기만 할 뿐 이러한 요소들이 결여된 경우가 비일비재하다. 예를 들어 '미국 하버드 의대의 실험에 의하면 소통이 원활한 부부가 오래 살 확률이 높다고 한다.'라는 내용의 신문 기사가 있다고 하자. 흔히 보는 기사 패턴 중의 하나다. 저명한 대학에서 실험했다고 하니 필시 과학적일 거라고 단정 지어 버린다. 확인되지 않은 사실을 과학적인 권위로 포장했을 수도 있지만, 사람들은 과학에 대한 믿음을 이미 가지고 있기 때문에 이런 허술한 기사도 별 의심 없이 믿곤 한다.

공신력에 대한 맹신은 여기서 한 발 더 나간다. 현대인들은 활자화된 것은 무조건 믿고 보는 경향이 있다. 그나마 추천 사이트나 맛집 정보 같은 것은 그럴싸한 형식과 내용이라도 갖추고 있다. 인터넷에 떠도는 온갖 검증되지 않은 기사들에도 사람들은 쉽게 믿음을 가진다. 오직 그것이 활자화되었다는 이유 하나만으로 이런 일이 생긴다.

네 번째, 실행 능력의 오류.

실행 능력의 오류는 곧 자신감의 오류이다. 자신감은 자신을 정확히 알아야 나오는 것이다. 그러므로 자신을 제대로 알지 못하면 실행 능력을 올바로 판단하기 힘들다. 근거도 없이 내세우는 자신감은 자신감이 아니라 자만심에 불과한 것이다. 반대로 반복되는 실패로 인해 자신을 과소평가하는 것 역시 자신을 올바로 알지 못하는 것이다. 이런 양극단에 치우치면 제대로 된 믿음이 나올 수 없다.

믿음은 정보가 아니라 정보가 가리키는 실체에 있다는 사실을 자신감에 적용해 보자. 자신에 대한 온갖 정보, 즉 자신의 성격, 취향, 체질, 가치관 같은 것을 잘 안다고 해서 자신감이 나오는 것이 아니다. 서울에 경복궁이 있다는 사실에 대한 믿음은 직접 서울로 가서 현실에 존재하는 경복궁을 눈으로 확인했을 때 나온다. 경복궁에 대한 지식을 안다고 해서 나오는 것이 아니다. 현실의 나는 바로 지금 이 순간 행동하는 나 자신이다. 그런 나 자신을 놓치지 않고 알아차리는 것이 나의 정보가 가리키는 나의 실체를 확인하는 것, 즉 나에 대한 믿음을 만드는 것이다. 표현을 바꾸자면 자신감은 자기 성찰에서 나오는 것이다. 그럼에도 자신에 관한 정보만으로 자신감을 채우려는 것은 자만심에 불과하다. '나는 좋은 대학에도 합격했고, 항상 최상위권에 있었으니까, 이번 시험에도 잘될 거야.'라고 생각하는 것은 자만심에 가깝다. 이런 여러 가지 믿음의 오류는, 하나의 믿음은 반드시 기존에 이미 존재하는 다른 믿음에서 나온다는 사실에 기인하고 있다. 어떻게든 믿음의 근거가 될 수 있는 또 다른 믿음을 찾아야만 하기에 근거도 부족하고 맹목적이어도 쉽게 믿고, 거짓된 믿음일지라도 기대고 의지하게 된다. 보다 근원적으로는 자신의 욕망을 올바로 성찰하지 못하여 믿음의 4대 요소 중 욕망과 나머지가 제대로 균형과 조화를 이루지 못했기 때문에 믿음의 오류가 발생한다.

종교적 기도,
소통과 간청

운명적으로 종교적 갈등에서 헤어나올 수 없는 인간은 자신이 믿는 절대적인 존재에게 매달려서 기도한다. 종교적 기도는 소통과 간청이라는 두 단어로 정의할 수 있다. 기도를 하려면 먼저 기도의 대상이 있어야 한다. 아무도 없는 허공을 바라보고 기도할 수는 없다. 역사 이래로 인간은 기도와 함께해 왔고, 기도의 대상은 절대적인 존재인 신이었다. 신에게 소원을 들어달라고 간청하거나 신과 영적으로 소통하고자 한 것이 인간에게 정착된 삶의 패턴이었다. 어느 역사, 어느 문화, 어느 문명 할 것 없이 절대적이고 신적인 존재에게 간청하고 소통하고자 하는 마음은 늘 있어 왔다. 자연의 위대한 힘 앞에서 초라할 수밖에 없는 원시인들에게 절대적인 존재는 당연히 필요했을 것이다. 그러한 절대적인 존재에게 간청한 것이 기도의 시작이었다.

소원 성취를 바라는 기도에는 반드시 공(功)이 들어간다. 기도를 할 때 공을 들인다는 것은 정성껏 열심히 비는 것이다. 절에서 불공(佛功)을 드린다고 하는 것은 공을 들이되 부처님께 공을 들이는 것이다. 그러니까 절에서 하는 기도가 곧 불공인 것이다. 기도는 제대로 하든 잘못하든 어찌 되었든지 간에 정성껏 열심히 해야 한다. 정성을 다해 공을 들이면 들일수록 기도의 효험이 크다고 믿기 때문이다.

종교적인 기도는 믿음을 바탕으로 간절하게 청하는 것, 그리고 열심히 비는 것이다. 그러나 이것만이 종교적 기도의 전부는 아니다. 종교가 인간에게 요구하는 것, 즉 욕심을 줄이고 이타적인 삶을 살 것을 성실히 지켜야 한다. 모든 종교는 믿음을 강조함과 동시에 욕심을 줄이고 이타적인 사랑을 할 것을 요구한다. 왜냐하면 믿음과 믿음에 기반한 간절한 기도만으로는 소원 성취가 쉽지 않기 때문이다. 인간의 욕심은 밑 빠진 독과 같아서 채워도 채워도 채울 수 없다. 완벽한 소원 성취는 애초부터 불가능하다. 그래서 욕심을 다스리고 이타적인 삶을 살 것을 요구하는 것이다.

소욕지족과 이타적인 사랑은 사회를 안정적으로 유지해주는 중요한 규범이다. 이 규범이 얼마나 잘 지켜지는가에 따라 사회 구성원의 삶의 질이 확연히 달라질 수 있다. 그러나 단지 이런 이유만은 아니다. 간청하는 자신을 성찰하고 반성하지 않는 한 욕망과 고통의 굴레에서 벗어날 수 없다. 욕심을 줄이고 이타심을 키우려면 어쩔 수 없이 자신을 다스려야만 하고, 이는 자신을 돌아보지 않고는 불가능한 일이다. 결국, 욕심을 줄이고 이타심을 키우라는 요구는 스스로를 돌아보는 자기 성찰 없이 근본적인 해결은 불가하다는 종교의 메시지인 셈이다. 어찌 되었건 종교적 기도는 애초부터 한계가 분명하다. 근본적인 한계를 극복하기 위해서는 '종교적 기도'에서 '불교적 수행'으로 나아가야만 한다.

종교적 믿음과 불교의 믿음

불교의
믿음

메멘토 모리

불교는 항상 죽음과 직면해야 한다고 말한다. 티베트불교에서는 죽음에 대해서 깊이 명상하라고 강조한다. 다른 사람이 죽는 게 아니고 나 자신이 반드시 죽는다는 것을 명심하고, 그것을 명상의 주제로 삼으라고 강조한다. 올바른 불자라면 스스로 수행해서 부처님이 깨달은 바에 도달하기 위해 노력한다. 이러한 노력은 마치 은행에 돈이 차곡차곡 쌓이듯 마음속 깊은 곳에 저장된다. 그 결과 마음 한구석을 차지하고 있던 죽음에 대한 두려움이 사라지게 된다. 이렇게 공을 들이면 내 안에서 죽음에 대한 두려움이 사라지고, 죽음에 대한 두려움이 사라지면 지금의 삶이 행복해진다. 수행은 공덕을 쌓는 것이다. 부처님이 출가한 이유도 이것 때문이었다. 왕자로 편하게 살다가 세상 밖으로 나가 병든 사람, 늙은 사람, 죽는 사람이 있음을 보았다. '아, 나도 병들고 늙어서 죽겠구나. 어떻게 하면 죽음을 피할 수 있을까?' 부처님은 이 질문의 해답을 찾기 위해 출가하셨다. 부처님이 얻은 답은 다른 게 아니다. 도대체 무엇이 죽는가? 죽는 것이 도대체 무엇인가를 찾아보니까 '없다'는 것을 알았다. 부처님이 발견한 진리는 무아(無我)의 진리다. '나'라고 할 만한 것이 없다. 그래서 부처님은 죽음을 두려워하기 전에 무엇이 죽는 것인지를 잘 생각해 보라고 하셨다. '나'라고 할 만한 게 없으니까 죽음도 없음을 발견한 부처님은 죽음에서 벗어나 영원한 생명, 즉 해탈을 증득한 분이 되었다. 부처님은 절대자가 아니다. 전지전능하지도 않다. 다만 매우 훌륭하고 뛰어난 수행자였다. 때문에 불교에서는 부처님에게 무언가를 해 달라고 간청하기보다 '나도 부처님처럼 살아야겠다', '나도 부처님처럼 깨달아서 진정한 행복을 성취해야 되겠다' 하는 존경의 마음을 표한다. 이것이 불교의 기도이다.

부처님과 부처님의 가르침에 대한 믿음

욕망은 지금 여기 없는 것을 바라는 마음이다. 지금 여기에 만족하지 못하는 마음, 지금 여기에서 느끼는 고통을 회피하려는 마음이다. 그러므로 욕망의 실체를 알려면 먼저 현실을 직시해야 한다. 지금 나에게 결핍된 것이 무엇인지 혹은 무엇 때문에 고통스러운지 알아야 한다. 불교는 '일체개고(一切皆苦)'라는 현실 인식에서 시작한다.

왜 고통인가? 일체는 무상한데 중생들은 '나'라고 하는 변하지 않는 그 무엇이 존재한다고 철석같이 믿고 있다. 그래서 '나' 아닌 것들 역시 변하지 않기를 바라지만 그럴 수 없으니 고통스럽다. 만일 고(苦)를 자각하지 않고 현실의 고통에서 벗어나려고만 한다면, 그러한 믿음은 올바른 믿음이라 할 수 없다.

그렇다면 올바른 믿음이란 어떠한 것인가? 부처님은 행복을 찾아가는 인생길의 안내자이다. 그렇기 때문에 부처님의 말씀을 믿는다는 것은 곧 행복으로 가는 길에 들어선 것이나 마찬가지이다. 마치 든든한 안내자와 함께 초행길을 가는 것과 같다. 부처님의 가르침을 믿는다는 것은 나도 부처님을 따라 행복의 길로 가겠다는 확고한 의지를 다지는 것과 동일하다.

　부처님의 안내를 받아 인생길을 간다는 것은 곧 부처님이 생각하는 대로 생각하고, 행동하는 대로 행동하는 것을 말한다. 이것을 한마디로 말하면 내가 곧 부처임을 굳게 믿는 것이다. 이것이 부처님에 대한 믿음이요, 부처님의 가르침에 대한 믿음이다. 이런 생각이 없다면, '굳이 내가 부처님이 말하는 계율대로 살아야 할까? 그렇게 안 살면 뭐가 문제인데? 왜 새벽마다 예불을 해야 하지? 왜 아침마다 『천수경』을 읽어야 하지? 도대체 왜 하는 거야? 굳이 내가 해야 할 이유가 없잖아?'라고 생각하게 된다. 이렇듯 불교의 수행을 지속시키는 원동력은 내가 바로 부처라는 확신에서 나온다. 이것이 불교의 믿음이다.

믿음은 깨달음의 근본

불자들은 증심사 원통전 안에 서 있는 석조입상(石彫立像)을 보고 관세음보살님이라고 부른다. 하지만 냉정하게 따지고 보면 그저 돌 조각상일 뿐이다. 석조입상이란 말을 풀어 보면 '돌로 만든 서 있는 조각상'이다. 그런데 왜 여유로운 미소를 띠고 있는 관세음보살님으로 보일까? 보는 순간 우리 안에서 믿음이 일어났기 때문이다. 보는 순간 우리의 마음이 보살의 마음이 되었기 때문이다. 불자가 아닌 어떤 등산객이 증심사를 지나가는 길에 원통전을 봤다면, 그에게 그 보살상은 관세음보살님이 아니라 그냥 석조입상일 뿐이다. 중요한 것은 관세음보살님이 야외에 있느냐 법당에 있느냐, 등을 달았느냐 안 달았느냐, 금박을 했는가 하지 않았는가 하는 것이 아니다. 중요한 것은 '내 마음에 신심이 있는가, 없는가?'이다. 신심은 평범한 돌덩어리도 관세음보살님으로 탈바꿈시키고, 관세음보살님도 한낱 돌덩어리 취급하기 때문이다. 『화엄경(華嚴經)』에 "신위도원공덕모(信爲道元功德母)이니, 장양일체제선법(長養一切諸善法)이다." 라는 구절이 있다. 믿음은 도의 근본이고 공덕의 어머니요, 모든 진리를 널리 키우고 증장시킨다는 뜻이다.

　　믿음이 우리를 깨달음으로 이끈다. 불교에서 말하는 도(道)란 열반을 증득하여 번뇌의 불길을 영원히 끄는 것이다. 이때 가장 근본이 되는 것이 바로 믿음이다. 그렇다면 믿음만 있으면 저절로 깨닫게 될까? 믿음만 있으면 열반은 그냥 오는 것일까? 그렇지 않다. 깨달음을 얻기 위해서는 수행을 시작해야 한다. 그리고 그냥 하는 것이 아니라 꾸준히 해야 한다. 믿음은 나로 하여금 수행의 첫걸음을 내딛게 하는 것, 그래서 계속 수행할 수 있게 하는 것, 수행을 하다가 옆길로 새지 않게 하는 것이다. 믿음이 없거나 부족하면 수행을 시작하기 힘들고, 설령 시작하더라도 꾸준히 하기 힘들고, 설령 꾸준히 한다 하더라도 옆길로 새 버리기 십상이다. 어쨌거나 수행을 시작했다면 꾸준히 그리고 올바르게 해야 깨달음을 얻고, 그토록 바라는 영원한 행복을 얻을 수 있다. 이 모든 것이 가능하려면 믿음이 수행

종교적 믿음과 불교의 믿음

의 바탕에 깔려 있어야 한다. 믿기만 하면 극락에도 가고, 부귀영화를 손에 쥘 수 있다는 말이 아니다. 수행할 수 있는 힘이 믿음에서 나온다는 이야기다. 무엇을 믿어야 한다는 것인가? 부처님 말씀대로 하면 깨달음의 길을 갈 수 있다는 믿음이다.

믿음이 없으면 수행을 할 수 없고, 수행을 하지 않으면 번뇌를 종식시킬 수 없고, 번뇌를 종식시키지 못하면 영원한 행복은 요원하다. 그러니 믿음이 도의 근본일 수밖에.

믿음은 공덕의 어머니

공덕이란 선업(善業)을 쌓으면 생기는 무엇이다. 선업을 쌓는 방법에는 여러 가지가 있지만 궁극적으로는 보시를 말한다. 보시 중에 최고의 보시는 법보시, 즉 부처님 법을 널리 펼치는 것이다. 그러나 부처님의 가르침에 대해 아는 것이 별로 없으면 몸으로 봉사하면 된다. 몸이 늙어서 봉사 활동을 할 수 있는 체력이 안 되면 주머니에 있는 재물로써 보시하면 되고, 기운도 없고 재물도 없다면 마음으로 봉사하면 된다. 남을 위해서 열심히 기도하는 것은 마음으로 보시하는 대표적인 경우다. 기도하는 마음은 어디로 도망가지 않는다. 그 누구도 빼앗아 갈수 없다. 웃는 얼굴로 남을 대하고 좋은 말로 상대방에게 이야기하는 것도 보시다. 흔히 생각하듯 시주하는 것만을 보시라고 생각하는 것은 보시를 아주 협소하게 이해하는 것이다. 바라는 것 없이 베푸는 마음으로 하는 모든 행이 다 보시가 된다.

열심히 봉사를 하든, 기도를 하든, 그 어떤 보시를 하든지 간에 나를 위해서 하는 것은 공덕으로 돌아오지 않는다. 남을 위해서 하는 그 마음이 공덕으로 돌아온다. 이기적인 마음이 티끌만큼도 없이 보시행을 할 때, 비로소 공덕으로 쌓인다. 이런 마음으로 보시를 하는 것은 곧 수행을 하는 것과 같다.

이렇게 보시를 하면 반드시 공덕이 따른다. 공덕이 제대로 나에게 돌아오기 위해서는 보시를 행하는 근본 바탕에 믿음이 있어야 한다. 불교에서의 믿음은 부처님과 부처님의 가르침, 그리고 부처님의 가르침을 실천하는 대중들을 믿는다는 것을 의미한다. 즉 부처님이 말씀하신 대로, 부처님이 하신대로 하면 깨달음에 이른다는 사실에 대한 믿음이다. 이러한 믿음이 불교 수행의 바탕이다. 그러므로 내 안에 있는 모든 번뇌를 깨끗이 털어내겠다는 마음가짐으로 보시를 행해야만 비로소 공덕이 쌓인다. 명예를 높이기 위해, 부와 권력을 얻기 위해 하는 보시는 불교에 대한 믿음 없이 행하는 보시이다. 이러한 보시행을 한다면 내게 돌아올 공덕은 없다. 불·법·승 삼보(三寶)에 대한 믿음이 없으면 아무리 열심히 보시를 해도 공덕이 쌓이지 않는다.

작은 수고로움이 보살심을 키운다

내 마음이 따로 있고 관세음보살님의 마음이 따로 있고, 중생인 내가 따로 있고 관세음보살님이 따로 있는 것이 아니다. 보살심을 가지고 생각하고 행동하면 그 순간 나 자신이 바로 관세음보살님이다. 그런데 우리는 왜 관세음보살님의 마음을 늘 가지고 살지 못하는 것일까? 왜 우리는 웃고 울고 화내고 슬퍼하고 욕심내는 중생의 마음으로 살아가는가? 실은 이것이 원래 우리의 타고난 마음이다. 좋고 나쁘고를 떠나 보통의 인간은 그냥 그렇게 산다. 그런데 아주 작은 수고로움, 예를 들어 원통전에 등을 켤 때 내 마음속의 중생심이 잠깐 사라지고 보살의 마음이 자리를 잡는 것이다.

중생심은 우리가 타고난 마음이다. 그러니 중요한 것은 하루 스물네 시간 보살심을 갖지 못하는 자신을 책망하는 것이 아니다. 평소 흔들리고 방황하는 중생심에 중심을 잡아 줄 수 있는 무언가가 필요하다. 그래서 법회 때가 되면 절에 와서 예불을 하고 부처님께 절을 하고 등을 켠다. 이런 행위를 통해서 내 안에 관세음보살님의 마음을 채우는 것이다. 기도에 동참하는 행위는 작은 수고로움이지만 이 작은 수고로움으로 인해서 욕심내고 미워하고 슬퍼하고 화내고 괴로워하는 내 마음에 기대고 의지할 것이 생긴다. 법회에 나오거나 아침에 일어나서 나만의 작은 예불을 드리는 것은 작은 수고로움이다. 작은 수고로움을 결코 무시하거나 귀찮게 여겨서는 안 된다.

우리가 믿어야 하는 마음은 어떤 마음인가? 화내는 마음, 기뻐하는 마음, 슬퍼하는 마음, 괴로워하는 마음은 중생의 마음이다. 중생의 마음을 믿어서는 안 된다. 나의 어떤 마음을 믿어야 하는가? 법회에 이런저런 사정으로 못 간다면 유튜브를 통해서 동참하고, 때가 되면 빼먹지 않고 신묘장구대다라니를 읽는 등, 귀찮지만 신행생활을 '하려고 하는' 내 마음을 믿어야 한다. 그 마음이 보살의 마음이고, 그 마음이 관세음보살님의 마음이다. 그 순간만은 중생이 아니라 관세음보살님이다.

매 순간 찰나마다 변하는 것이 마음이라 하더라도 중생의 마음이 아니라 관세음보살님의 마음으로 살려고 노력해야 한다.

관세음보살님은 많은 보살들 중에서 가장 믿음을 강조하는 보살님이다. 관세음보살님이야말로 믿음 하나로 우리에게 다가오시는 분이다. 관세음보살님은 언제 어디서나 우리와 함께하시는 분이다. 그런데 이 세상에 언제 어디에서나 나와 함께하는 사람은 누구인가? 바로 나 자신이다. 그렇다면 관세음보살님은 누구인가? 나 자신이 관세음보살님이다. 이것이 관세음보살님이 우리에게 주는 교훈이다.

매 순간 찰나마다
변하는 것이 마음이라
하더라도 중생의 마음이
아니라 관세음보살님의
마음으로 살려고
노력해야 한다.

불교의 기도,
염불

불교는 부처님을 존경하는 대상으로 남겨두는 대신 많은 보살님들을 간청의 대상으로 의지해 왔다. 약사여래 부처님에게 병을 낫게 해 달라고 기도하고, 지장보살님에게 극락왕생을 기도하고, 관세음보살님에게는 소원을 이루어 달라고 기도한다.

이렇게 생각하다 보면 관세음보살님을 비롯한 다른 보살님들은 이름만 보살이지 사실은 신이나 다름없는 분들로 오해할 수 있다. 그러나 그렇지 않다. 어느 경전에서도 불보살님을 '믿으라'고 하지 않는다. 다만 불보살님을 생각하고 그 명호를 부르라고 말한다. 이것을 줄여서 '염불(念佛)'이라고 한다. 불교에서 말하는 '생각하라'는 것은 일반적으로 말하는 믿음 이상의 포괄적인 의미를 가지고 있다. 그 시작은 나의 바깥에 있다고 믿고 있는 불보살님에 대한 믿음이다. 내가 곧 부처라는 자각이 강하지 못하고, 내 스스로 내 안의 자비심을 끌어내기가 힘들기 때문에 불보살님에게 의지하여 내 안의 불성과 자비심을 끌어내는 것이다. 이런 까닭에 불교에서의 믿음은 깨달음으로 가는 중요한 통로이다.

불보살님을 생각하는 것은 세 단계로 나누어 볼 수 있다.

종교적 기도,
나와 불보살님이 소통하는 단계

우선은 종교적 기도를 열심히 하는 것에서 시작한다. 내가 나의 밖에 계시는 불보살님에게 청하고 불보살님은 그런 나의 요청에 응하여 가피를 내리는 단계이다. 나는 불보살님의 가피를 느끼고 더 열심히 기도한다. 내가 가슴으로 느끼고 그것에 관세음보살님이 응하여 서로 친구처럼 통하는 단계이다. 불보살님이 내 소원을 이루어 주기를 기다리고만 있으면 절대로 소원 성취를 할 수 없다. 소원 성취를 하기 위해서는 내가 먼저 무엇을 하겠다고 발원하고 그 발원하는 마음을 바탕으로 기도하고 공덕을 쌓아야 한다. 이는 믿음에 기반하여 기도하고, 욕심을 줄이고, 이타적인 행을 닦아 공덕을 쌓는 종교적 기도와 일치한다.

열심히 기도하고 불보살님을 찾아 가피를 입은 사례를 '영험담'이라고 한다. 그런데 이러한 영험담에는 일정한 기준이나 규칙 같은 것이 없다. 열심히 기도한다고 해서 무조건 된다는 보장도 없다. 그래서 등장한 것이 인과응보이다.

인과응보는 불확실성을 불식시킨다. 선업을 행해서 공덕을 쌓으면 '반드시' 좋은 과보가 온다는 것이 인과응보이기 때문이다. 그러나 아무리 좋은 과보를 받는다 하더라도 조금 나아질 뿐 중생의 삶을 벗어나지 못한다. 조금 더 많은 돈을 벌고, 조금 더 좋은 직장에 취직하고, 조금 더 좋은 집에 살 뿐, 일체개고(一切皆苦)의 굴레를 벗어날 수 없다. 나의 밖에 존재하는 어떤 존재에게 도움을 구하는 데는 근본적인 한계가 분명하기 때문이다. 내가 변하지 않는 한 궁극적인 행복, 영원한 행복은 얻을 수 없다.

삼귀의,
종교적 기도에서 불교적 수행으로

종교적 기도의 한계를 절감했다면 불교적 수행으로 나아가야 한다. 귀의(歸依)는 종교적 기도를 불교적 수행으로 전환시키는 중요한 전환점이다. 즉 내 밖에 있다고 여겨지던 불보살님을 내 안으로 맞이하는 단계이다. 내가 불보살님처럼 생각하고, 불보살님처럼 행동해야만 근본 번뇌를 털어낼 수 있음을 깨닫게 되는 단계이다. 밖에 있는 불보살님이 내 안으로 들어오면 내 안의 중생심은 사라지고 보살심이 살아난다. 내 안에 수행하고 싶어 하는 간절한 마음이 일어나면, 그것이 곧 불보살님의 마음이다. 그 마음이 커지면 내가 바로 불보살이 되는 것이다.

● 부처님께 귀의함

삼귀의(三歸依)란 불(佛)·법(法)·승(僧) 삼보에 귀의하는 것이다. 부처님(佛)께 귀의한다는 것은 부처님께 돌아가 의지한다는 뜻이다. 부처님이 행한 바 그대로 나도 하겠다는 말이다. 그렇다면 부처님은 무엇을 했는가? 불자라면 누구나 부처님의 일대기를 알고 있다. 부처님의 삶에서 대표적인 깨달음의 순간은 두 번 등장한다. 첫 번째는 사문유관(四門遊觀)이며, 두 번째는 새벽 별을 보고 견성(見性)하신 순간이다.

평생 고통이라는 것을 모르고 풍요롭게 살던 싯다르타 태자는 어느 날 성문 밖에서 병든 자와 늙은 자, 죽은 자를 만나면서 세상의 고통을 목도한다. 그 이후 여법하게 걷고 있는 수행자를 보고는 '내가 본 고통에서 벗어나려면 수행을 해야겠다.'라고 결심한 것이다. 부처님은 사문유관을 통해 내가 어떻게 살아야 할 것인가를 확실하게 깨달아 수행자의 길로 나섰다.

싯다르타 태자는 인간 세계는 고통으로 가득 차 있고 여기에서 벗어나기 위해서는 수행을 해야 한다는 사실을 깨달았으나 아직 본인 안의 번뇌를 완전히 털어내지 못한 상태였다. 그로부터 5년 뒤, 새벽 별을 보고 정각(正覺)을 이룬 그 순간에 싯다르타 태자는 당신 안의 모든 번뇌가 다 사라진, 진정하고 완전한 열반을 성취했다. 이후 수행자 고타마 싯다르타는 40년이 넘는 세월 동안 중생들에게 당신께서 깨달은 바를 전하는 길 위의 삶을 살았다. 이것이 부처님의 삶이다. 우리가 부처님께 귀의한다는 것은 우리도 이렇게 살겠다는 것이다. 열심히 수행하여 깨달아 '나'만을 위해서가 아니라 모든 중생들을 위해 내 삶을 온전히 다 바치겠다고 하는 것이 부처님께 귀의한다는 것의 참된 의미이다.

여기서 한 가지 의문이 든다. 과연 부처님의 첫 번째 깨달음(사문유관)과 두 번째 깨달음(새벽 별을 보며 정각을 이룸)은 무엇이 다른가?

2년 전 나는 심근경색으로 쓰러졌다. 그 이후로 심장이 안 좋은 상태인데 작년 가을로 접어들면서 호흡 곤란 증상이 부쩍 자주 나타났다. 생각해 보니 여름에는 덥다는 이유로, 가을에는 여러 행사 때문에 바쁘다는 핑계로 포행(布行)을 게을리했다. 별생각 없이 지내다가 몸이 불편해지자 비로소 내가 처한 상황을 깨달았다. 물론 그전에도 살을 빼야 한다는 생각은 당연히 했었다. 포행도 매일 빼지 않고 부지런히 해야 한다고 생각했었다. 그래야 죽을 뻔한 생명을 지킬 수 있다는 걸 누구보다 잘 알고 있었다. 다만 이런저런 핑계를 대면서 게을리했을 뿐, 몰라서 하지 않은 것이 아니었다. 그러나 이번엔 달랐다. 호흡 곤란은 심근경색 환자가 자주 접하는 증상이다. 불안이 엄습해 오면서, 뭐라도 해야겠다 싶어 몸무게를 재 보니 연초에 비해 3㎏이나 늘어 있었다. 체중계에 표시된 몸무게를 보는 순간, 망치로 머리를 얻어맞은 듯한 정신적 충격을 받았다. 지금 당장 살을 빼지 않으면 생각하기도 싫은 지긋지긋한 고통을 다시 겪게 될 뿐만 아니라, 여차하면 이번 생을 하직할 수도 있다는 생각이 번뜩 들었다. 그 순간 이후로 지금까지 점심 이후로는 물이나 차를 제외하고는 아무것도 먹지 않는 오후불식(午後不食)을 지키고 있다.

그전에도 건강하기 위해서는 적게 먹고 많이 움직여야 한다는 사실을 '알고' 있었다. 그러나 몸무게를 잰 날에는 그 사실을 '그냥' 안 것이 아니라 '뼈저리게' 알게 된 것이다. 내가 그 사실을 뼈저리게 알게 된 순간, 바로 살이 빠지고 내 건강을 해치는 모든 요소들이 몸 안에서 사라진 것은 당연히 아니다. 그러나 그 순간부터 나는 그전까지 알면서도 제대로 하지 못했던 것들을 제대로 실행하기 시작했다. 건강을 해치는 모든 요소를 내 몸에서 몰아내기 위한 실천에 즉각 돌입한 것이다. 이것은 건강 유지를 위한 일종의 첫 번째 깨달음인 셈이다.

깨달음이란 그냥 아는 것이 아니라 뼈저리게, 절실하게, 생생하게 알아서 삶이 바뀌는 것을 의미한다. 부처님이 사문유관에서 깨달은 것은 내가 몸무게를 재고 내 몸의 상태에 대해 깨달은 것에 해당할 것이다.

한편 부처님께서 새벽 별을 보고 깨달은 순간은 완전한 열반, 즉 번뇌를 완전히 종식시킨 순간이다. 나의 경우에 빗대어 보자면, 몸 안의 부정적인 요소가 모두 사라져서 내가 건강을 완전하게 되찾는 미래의 어떤 순간이 될 것이다(물론 그런 날이 올지는 미지수이긴 하지만). 이처럼 깨달음은 오직 한 번의 순간만 있는 것이 아니다. 깨달음은 열반을 포함하지만, 오직 완전한 깨달음만이 열반이라 할 수 있다.

"나는 수행자니까 열심히 수행해야지." 부처님은 이렇게 생각하지 않았다. 태어났을 때부터 보장된 제왕의 길을 버리고 수행자의 길로 가야 하겠다고 결심하고, 수행에 그토록 매진한 것은 삶이 고통이라는 것을 '뼈저리게' 깨달았기 때문이다. 우리가 부처님을 따르는 것도 마찬가지다. 단순히 불자니까 기도를 하고, 불자니까 절에 나오는 것이 아니다. 왜 내가 불자로서 열심히 수행해야 하는가에 대한 대답을 자신의 삶에서 생생하게 깨닫는 시점이 있어야 한다. 부처님이 사문유관을 통해 삶이 고통임을 철저하게 깨달았듯이. 그리고 나태해진 내가 부쩍 잦아진 호흡 곤란을 겪으며 죽음의 위협에 노출되고 나서야 비로소 오후불식과 매일 포행을 적극적으로 실천하며 삶의 방식이 바뀐 것처럼 말이다.

내 몸 상태에 대한 뼈저린 깨달음이 있고 나자 배가 고파도 뭔가를 먹고 싶은 유혹에 심하게 휘둘리지 않게 되었다. 물론 배가 고픈 육체적 고통이야 예전이나 지금이나 다를 바 없지만, 식욕의 많은 부분이 사실은 집착이었음을 지금은 알고 있다. 배가 고픈 것은 가벼운 육체적 고통 중의 하나일 뿐이다. 그럼에도 나는 뭔가 먹고 싶다는 생각은 전적으로 배가 고픈 고통에서 비롯되었다고 단정 짓고 있었다. 그러나 뭔가 먹고 싶다는 생각 자체는 음식에 대한 집착일 뿐이다. 그것은 위장이 비었을 때의 고통과 직결되는 것도 아닐뿐더러, 당장 생명의 위협을 초래하지도 않는다. 배고픈 고통은 결코 생존 본능을 자극할 정도로 심각한 상황이 아닐 때에도 생존 본능을 부추긴다. 왜냐하면 그것은 사실 배고픈 고통이 아니라 음식에 대한 집착이기 때문이다.

번뇌를 종식하여 열반을 증득하는 것 역시 본질적으로 이와 다르지 않다. 한 번 큰 깨달음이 찾아오면, 당장 번뇌가 완전히 뿌리 뽑히진 않더라도 번뇌를 대하는 관점과 생각, 마음 자세가 이전과는 확연하게 달라질 것이다. 마음이 달라지니 행동도 달라져서 삶의 방식, 습관, 태도, 언행도 달라진다. 마치 사문유관에서 삶의 고통을 확연하게 직시한 부처님께서 '다시 물러서지 않는' 불퇴전의 자세로 용맹정진하여 마침내 완전한 열반에 이른 것처럼 말이다.

● 부처님의 법에 귀의함

법에 귀의한다는 것은 법으로 돌아가 법에 의지한다는 말이다. 그것은 부처님의 가르침을 완전하게 이해하여, 부처님의 가르침대로 생각하고 행동하는 것이다. 부처님의 가르침이란 무엇인가? 중생들의 삶은 고통이며 모든 번뇌의 뿌리는 '내가 있다'는 생각에서 출발한다는 것을 정확하게 알고 깨닫는 것이다.

부처님 가르침의 핵심은 세 마디로 요약된다. ①무아(無我), ②무상(無常), ③고(苦). 중생들은 '나'라는 고정된 뭔가가 있다고 생각한다. 이런 생각이 세상 만물로 확장되어 모든 것에는 자성이 있다는 생각이 단단히 뿌리내린다. 뭔가가 있다는 고정된 생각으로 세상을 바라보면, 모든 것들이 끊임없이 변하는 것으로 보인다. 왜냐하면 '변한다'는 것은 '고정되어 있다', '정지되어 있다'는 생각이 없다면 탄생할 수 없기 때문이다. '변함'이란 '변하지 않음'과 비교될 때만 성립 가능하다. 애초에 이것을 이것이라고 정하지 않았다면, 이것이 시시각각 변하는 것으로 보이지도 않을 것이다.

변하지 않아야 하는데 사람들은 늙고 병들고 결국은 죽어

종교적 믿음과 불교의 믿음

서 사라진다. 어제의 나도 1년 전의 나도 여전히 나인데 정신을 차리고 보니 나는 매 순간 조금씩 늙어 가고 있다. 봄이 오는가 싶다가 곧 여름이 오고, 여름이 영영 떠나갈 것 같지 않을 것처럼 기승을 부리더니 어느새 선선한 바람이 부는 가을이 온다. 중생들은 자성이 없는 세상을 자성이 있다고 착각한다. 그 결과 이것과 저것으로 분별한다. 고정된 이것과 저것이 있기 때문에 세상은 '끊임없이 변하는 것', 즉 무상한 것으로 비춰진다. 제행무상(諸行無常)은 자성이 없는 세상을 자성이 있는 것으로 잘못 생각하는 좋은 증거이다.

중생들은 변하지 않는 고정된 것을 바라는데 모든 것은 끊임없이 변하니 변하는 것을 붙잡고, 변하는 것에 집착한다. 세상의 모든 것이 변하지만 변하지 않기를 바라기 때문에 중생들의 삶은 고통이며, 이것을 번뇌라고 한다. 삼보 중 법에 귀의한다는 것은 부처님의 가르침을 올바르게 이해하여 중생들의 삶이 고통임을 명확하게 아는 것이다. 부처님은 깨달음을 얻고 나서 자기만을 위한 삶을 산 것이 아니라 모든 중생들에게 그것을 전하기 위해서 자신의 삶을 오롯이 바쳤다. 우리도 마찬가지다. '나'라고 할 만한 것이 애초에 없음을 깨달아 자비의 마음, 봉사하는 마음으로 살아야 한다.

● 승가에 귀의함

마지막으로 승(僧)에 귀의하는 것은 승가에 의지하는 것이다.

승가는 사부대중이다. 비구, 비구니, 청신사, 청신녀로 이루어진 대중들의 모임이다. 부처님께서는 개개인의 스님, 개개인의 불자에게 의지할 것이 아니라 승가라는 집단, 승가라는 조직에 의지하라고 했다. 이는 이 집단이 가지고 있는 규율을 완전히 나의 것으로 만들어서 그것을 곧 내 생활의 지침으로 삼으라는 뜻이다. 한마디로 계율을 철저하게 지키는 삶을 사는 것이다. 홀로 수행하지 않고 굳이 대중 속에서 자신을 닦고 계율을 지키는 것은 승가가 표방하는 계율을 내면화하기 위함이다.

사홍서원

그러나 문제는 아직 해결되지 않았다. 내가 불보살님을 내 안으로 맞이하여 마침내 번뇌를 종식시켰다 한들, 중생들은 여전히 번뇌의 늪에서 헤어나오지 못하고 있다. 중생들이 원하면 원하는 그 모습 그대로 사바세계로 돌아와 우리와 함께하는 분이 바로 불보살님이다. 나도 불보살님처럼 모든 중생이 고통에서 벗어나 함께 해탈에 이르도록 보살펴야 한다. 사홍서원은 나의 깨달음을 나에게 국한하지 않고, 모든 중생들과 함께하겠다는 큰 원을 세우고 맹세하는 것이다. 즉 세 번째 단계는 개인의 깨달음을 모든 중생들과 나누는 단계이다.

'나'라고 할 만한 것이
애초에 없음을 깨달아
자비의 마음,
봉사하는 마음으로
살아야 한다.

기도와 불공
그리고 예불

불자들은 왜 기도를 하는가? 어제의 나보다 더 나은 오늘의 내가 되고 싶다는, 오늘의 나보다 더 나은 내일의 내가 되고 싶다는 욕심이 있으므로 기도를 한다. 잘하고 싶은 것은 인간의 당연한 욕심이다. 중요한 것은 욕심의 방향이다. 기도를 하는 것은 부처님 같은 훌륭한 수행자가 되어 깨닫기 위한 것이지, 돈을 많이 벌기 위해서, 출세하기 위해서, 유명해지기 위해서가 아니다. 방향을 올바르게 잡고 조금 더 나은 사람이 되고 싶다는 마음으로 기도에 임한다면 그 기도야말로 진정으로 본인에게 수행이 되는 기도다.

기도를 왜 하는가? 내가 변하기 위해서 기도한다. 어떻게 변화하기를 원하는가? 중생이 아니라 부처가 되기 위해서, 중생에서 부처로 변하기 위해서 기도한다. 이러한 마음을 놓치지 않아야 스스로 바뀔 수 있다.

기도와 의식

사람들은 부처님 당시부터 진리를 깨친 부처님을 존경했다. 부처님이 돌아가시자 부처님이 계셨던 곳, 부처님이 법을 설한 곳, 부처님의 사리를 모신 곳을 찾아가 순례를 했다. 이렇게 부처님을 기리고 존경하는 행위들이 후대에 이어져 하나의 의식(儀式)으로 정착한 것이 지금 우리가 행하는 불교 의식이다. 탑을 돌던 것들이 지금 하는 예불로 발전했고, 멀리 성지 순례를 가며 부처님을 생각하는 데에서 불교의 수행법 중 하나인 염불

(念佛)이 나왔다. 염불의 시작은 부처님을 생각한다는 이름 풀이 그대로 부처님의 상을 머릿속에서 아주 세밀하게 상상하는 '불상관(佛像觀)'이었다. 부처님의 상호를 상상하는 불상관이 중국으로 넘어오면서 부처님의 명호를 외우는 염불로 바뀐 것이다.

궁전처럼 웅장한 건물을 짓고, 안과 밖을 화려하게 장식하고, 황금으로 도금한 청동 조각상을 건물의 중앙에 모시고, 각종 찬탄하는 내용을 낭송하는 의식을 하는 이유는 무엇인가? 격식을 갖춘 장소에서 집단이 참여하는 모든 종교적 의식은 강한 결속력을 고취시킨다. 아무리 종교의 가르침이 숭고하더라도 의식을 통한 결속이 없다면, 사람들의 마음속에 종교가 깊이 뿌리내리기 힘들다.

인간은 태생적으로 집단생활을 속성으로 하는 동물이기 때문에 이런 의식은 인간의 집단적 속성에 잘 부합한다. 종교 의식은 종교가 표방하는 바를 인간의 본능적 감성과 연결시키는 효율적인 작업이다. 인간의 집단적 속성에 호소하는 것은 종교가 아니더라도 여러 분야에서 알게 모르게 이루어지고 있다.

앞서 말했듯이 기도의 원래 뜻은 절대적인 존재에게 간청하거나 소통하는 것이다. 그러나 불교에서 기도는 깨달은 분에 대한 존경의 마음을 표하는 하나의 의식이다. 중요한 것은 '의식'에 있다. 내가 마음속으로 부처님을 존경하는 것과 그런 마음을 담아 정해진 의식대로 행하는 것은 확연히 다르다. 기도는 수행임과 동시에 의식이다.

기도와 불공

불교에서는 불교 의식을 지칭할 때 '불공을 드린다'는 표현도 자주 쓴다. 부처님께 공양을 올린다는 뜻이다. 같은 불교 의식인데 어떤 때는 기도라 하고, 어떤 때는 불공이라고 한다. 부처님에 대한 존경과 흠모의 마음을 담아 의식을 행하고 그 공덕으로 '원하는 바를 이루고자 하는 것'에 초점을 맞추면 기도라고 부른다. 기도의 본래 의미인 간청과 소통이 불교적으로 재해석된 것이다. 반면 부처님에 대한 존경과 흠모의 마음을 담아 정해진 형식과 의식에 맞추어 '공양물을 올리는 것'을 강조한다면, 불보살님께 공양을 올린다, 즉 불공이라는 표현을 쓴다. '공양 올린다'는 표현을 하는 이유는 부처님께 공양 올리는 것이 불교 의식의 기본 골격이기 때문이다. 불공에는 사시불공, 신중불공, 독불공, 생일불공 등 여러 종류가 있다.

기도와 예불

한편 불보살님께 예를 표한다는 의미에서 모든 불교 의식은 하나의 예불이라고도 볼 수 있다. 예불은 부처님께 예를 표하는 것이다. 어쩌다 한번 마음 내킬 때 하는 것은 진정으로 마음에서 우러나오는 것이라고 할 수 없다. 예를 표하는 것이기 때문에 어른께 매일 문안 인사를 드리듯 매일 규칙적으로 정해진 시간에 해야 한다. 그러므로 예불은 불교 의식 중에서 '정해진 시간에 매일 규칙적으로 하는 것'을 강조하고 있다. 예를 들어 '사시예불'이라고 하면 사시(巳時, 오전 9~11시)에 하는 예불이라는 의미이며, '사시불공'이라고 하면 사시에 올리는 불공이라는 말이다. 둘 다 사시에 하는 불교 의식이라는 점에서 같은 말이다. 동시에 사시불공(사시예불)에는 반드시 축원과 발원이 들어가므로 기도이기도 하다.

　반면 개인적 측면에서 예불은 서원(誓願)을 굳건히 하는데 그 목적이 있다. 서원이란 원하는 바를 이루겠노라고 맹세하는 것이다. 불교에서의 서원은 나도 부처님처럼 기필코 깨달음을 이루어 모든 중생을 제도하겠다는 커다란 원이다. 모든 번뇌를 여의어서 오로지 자비심으로 자신을 가득 채워 모든 중생들을 돌보겠다는 바람이다.

　예불의 핵심은 '지심귀명례(至心歸命禮)'이다. 지극한 마음으로 목숨을 바쳐 귀의하고 예배한다는 말이다. 귀의한다 함은 돌아가 의지한다는 뜻으로 부처님에 대한 무한한 존경의 표현이자 나도 그렇게 되겠다는 강한 의지를 뜻한다. 따라서 예를 올림은 부처님 앞에서 자신의 서원을 굳건히 하는 것이다.

　예불을 하다 보면 누구 할 것 없이 벅찬 감정이 올라옴을 느끼곤 한다. 그것은 곧 불보살님께 절을 하고 있는 자신이 곧 부처라는 순간적인 각성과 그에 따른 정서적 감동 같은 것이

다. 평소에 '나'라고 상정하고 있는 그 무엇이 기실은 아무런 실
체도 없는 신기루 같은 것임을 잠깐이나마 피부로 느끼는 순간
이다. 물론 그런 느낌은 잠깐이다. 소소한 일에 벌컥 화내고,
이런저런 계획을 세우기만 한 채 정작 실행하지는 않고, 남이
나를 알아주지 않는다고 울적해하거나 아니면 나를 무시한다
고 기분 나빠하는 그런 평소의 '나'가 어느 순간 없어져 버린,
말 그대로 무아지경이다. 더 정확히 말하자면 애당초 그런 것
이 있지도 않았다는 사실을 발견하고 눈이 번쩍 뜨이는 느낌,
이런 마음 상태가 지속되면 그것이 깨달음으로 이어지지 않
을까?

    '나'란 오로지 끊임없는 행(行)을 지칭할 뿐이다. 무엇을 인
식하는지, 무엇을 어떻게 행하는지에 따라 '나'의 모습은 시시
각각으로 달라진다. 그러기에 예불을 하면서 스스로 부처가 되
겠다는 서원을 세우면 실제로 부처가 될 것이다. 부처 또한 '행'
이기 때문이다. '나'도 없고 '관세음보살'도 없다. 행위만이 있
을 뿐이다. 관세음보살의 행을 하면 관세음보살이고, 마구니의
행을 하면 마구니이다. 이전의 행위가 지금의 행위에 영향을
주고, 지금의 행위가 다음의 행위에 영향을 줄 뿐이다. 생선을
싼 종이에서는 생선 냄새가 나고 향을 싼 종이에서는 향냄새가
난다. 이 몸과 이 마음이 관세음보살의 행을 하면 관세음보살
이다. '나'가 '있다'는 생각에 빠져서, 지금 이 순간 이 행동을 하
도록 하는 무엇인가가 있다는 생각에 얽매여서 다음 행동을 하

게 되면 그것이 곧 중생이다. 그러니 예불은 불보살님에 귀의하는 행이자 궁극적으로 이 마음을 불보살님의 그것으로 바꾸어 가는 과정이다.

모두 수행으로 귀결된다

불교 의식은 보는 관점에 따라 기도, 불공, 예불이 된다. 결국, 이 모든 것이 수행이다. 500원짜리 동전의 앞면에는 학이 그려져 있고, 뒷면에는 500이라는 숫자가 쓰여 있다. 앞에서 보면 학이 보이고 뒤에서 보면 숫자가 보이지만 둘은 똑같은 500원짜리 동전이다. 수행도 마찬가지다. 수행의 공덕, 수행의 결과를 어떻게 할 것인가라는 관점에서 수행을 바라보면 그것이 기도다. 수행의 공덕으로 원하는 것을 이루겠다 혹은 수행의 공덕을 누군가를 위해서 회향하겠다는 것은 기도다. 기도는 행위에 초점이 맞추어져 있는 반면, 불공은 공양물에 초점을 맞춘 표현이다. 하여 기도와 불공은 같은 범주 안에 있다 할 것이다. 반면 예불은 나도 부처님처럼 열심히 수행해서 부처님처럼 되겠다고 부처님 앞에서 스스로 다짐하는 것이다. 그러니 개인의 관점에서 수행은 예불이다. 기도(불공)와 예불은 수행이라는 동전의 양면과 같다.

　기도나 불공이 부처님께 공양물을 올리고 내가 원하는 것을 소원하는 것으로 끝난다면 진정으로 원하는 바를 얻을 수 없다. 병아리가 알에서 나오기 위해서는 알 안에 있는 병아리도 밖으로 나가기 위해 애써 부리로 껍질을 쪼고, 밖에서도 어미 닭이 같이 껍질을 쪼아야 한다. 우리가 기도를 할 때도 무언가 바라는 바를 이루기 위하여 앉아서 원하기만 해서는 안 된다. 스스로 변하기 위해 노력하고, 동시에 주변 상황이 같이 변해야만 원하는 바를 이룰 수 있다.

불교적 의미에서 모든 기도와 불공은 수행이다. 그러므로 종교적 차원의 기도가 불교적 의미의 기도가 되려면 반드시 수행으로 거듭나야 한다. 즉 모든 기도와 불공은 결국 수행이 되어야 한다. 수행은 어제보다 더 나은 나 자신을 만들기 위해서, 어제보다 더 발전되고 향상된 나를 위해서 하는 모든 행동이다. 기도와 불공이 예불이 되고 수행이 되는 것이야말로 우리 불자들이 지향해야 하는 바다.

수행, 마음이 침묵하는 소리에 귀 기울이는 것

불교의 수행은 마음을 훈련하는 것이다. 체력을 튼튼하게 하기 위해 헬스장에서 체력을 단련하듯, 마음을 단련하기 위해서는 매일 수행을 해야 한다. 수행이란 마음을 건강하게 하는 마음 훈련이다. 마음이 건강해야 마음에 병이 들지 않는다.

마음에 병이 든다는 것은 마음이 고통스러운 것이다. 슬퍼하고 괴로워하고 우울해하고 화내고 분노하고 체념하고 무기력증에 빠지고 불안해하고 두려워하는 것들이 마음이 고통스러운 것, 즉 마음이 아픈 것이다. 이렇게 마음이 아픈 것을 예방

하려면 평소에 꾸준히 수행하여 마음을 단련해야 한다.

불교의 수행은 마음이 침묵하는 소리에 귀를 기울이는 것이다. 마음은 항상 이런저런 생각들로 가득 차 있다. 마음은 항상 무언가 말하고 있다. 친구와 대화할 때를 생각해 보자. 입은 침묵하고 있어도 마음은 계속 이런저런 생각을 하고 있다. 겉으로는 듣고 있지만, 속으로는 같이 떠들고 있다. 이것은 침묵하는 것도, 듣는 것도 아니다. 마음이 바쁘면 다른 사람의 말을 들을 수 없다. 그러나 상대방의 말을 가만히 듣다 보면 상대방의 다른 모습을 발견할 수 있다.

정근을 하면서 마음속으로 딴생각을 하면 그것은 수행이라고 할 수 없다. '아침에 기도를 했으니까 나는 참 괜찮은 불자야' 하고 스스로 잘난 맛에 빠지면 수행을 잘못한 것이다. 왜냐하면 마음이 침묵하지 않고 나도 모르게 떠들고 있기 때문이다. 수행은 내 마음이 침묵하는 상태와 느낌을 항상 간직하고 잘 지키는 것이다. 침묵하는 상태를 눈여겨 아주 신중하게 관찰하는 것이다. 그렇게 해야만 자신의 몸을 포함한 주변의 모든 것들이 눈에 들어오고 귀에 들어올 수 있다. 그래야만 이 세상 모든 것이 있는 그대로 나에게 다가올 수 있다.

자식과 가족들 다 잘됐으면 좋겠다는 마음에서 기도하는 사람들이 많다. '내가 누구보다 사랑하는 가족들이 잘못되면 어떻게 하나?' 하는 걱정이 마음에서 떠나지 않는다. 사랑하는 것을 아끼고 소중히 하는 마음은 인지상정이다. 소중한 것을 잃을까 불안해하는 마음 역시 중생들의 자연스러운 마음이다. 이런 마음에서 기도를 올리고 등을 켠다. 다만 이런 마음을 잘 간직하되, 내 자식만이 아닌 남의 자식도 챙기고, 남의 자식만이 아닌 모든 중생들을 보듬어야겠다는 마음으로 승화시켜야 한다. 이런 마음이 알고 보면 자비심이다.

기도는
수행임과 동시에
의식이다.

3장

『천수경』
해설-귀의,
참회, 발원은
기도의
전부

『천수경』의
특징

『천수경(千手經)』은 갓 출가한 행자를 비롯해 예불을 올리는 불자들이
가장 먼저 접하는 경이자 가장 중요하게 여기는 경이다.
모든 기도와 예불 그리고 불공에서 일상적으로 다루는 경전이다 보니 그 중요성에
비해 『천수경』의 참된 의미나 역할을 간과하기 쉬운 것이 사실이다.

▶ 석조비로자나불좌상
지권인(智拳印)을 취하고 있는
비로자나불. 부처님 세계와
인간 세계를 뜻하는
오른손과 왼손이 합해져
부처와 중생, 깨달음과
미혹함이 하나임을 나타낸다.

기도의 이유

『천수경』은 『반야심경(般若心經)』과 함께 기도나 예불, 불공을 드릴 때 항상 독송하는 경전이다. 『반야심경』은 부처님 가르침의 정수를 짧은 경전 안에 담고 있다. 그래서 불자들은 언제나 부처님의 가르침을 되새기기 위하여 『반야심경』을 독송한다. 『천수경』은 조금 다르다. 『천수경』은 다른 경전에 비해 진언이 아주 많다. 사실 신묘장구대다라니가 곧 『천수경』이라고 할 정도로 신묘장구대다라니라는 진언(眞言, Mantra)은 『천수경』의 핵심이기도 하다. 진언이란 참된 말, 진리를 담고 있는 말이라는 뜻으로, 진언에는 수행의 힘, 번뇌를 물리치는 기운이 들어 있다.

진언이 많다는 것은 밀교적인 성격이 강하다는 말과 같다. 진언은 후기 대승불교에서 꽃을 피운 밀교의 수행법이다. 그리고 인도의 후기 대승불교는 티베트불교로 고스란히 계승되었다. 우리나라에서 밀교라 하면 낯설게 느껴질지 모르지만 실은 우리나라 불교에도 밀교의 모습이 곳곳에 남아 있다. 사시불공을 할 때 나오는 진언들만 해도 그렇다. 무슨 뜻인지 모르지만 실제 법당에서 진언을 많이 한다. 밀교를 전혀 모르고는 우리의 신행생활을 제대로 이해하기 힘들다.

밀교를 한마디로 이야기하면 '삼밀가지(三密加持)'이다. 삼밀가지는 세 가지 비밀스러운 힘인 신(身), 구(口), 의(意)로 행하는 수행을 통해서 내가 부처임을 자각하는 밀교의 핵심 수행법이다. 즉 몸으로는 결인(結印)을 취하고, 입으로는 진언을 낭송하고, 마음으로는 내가 곧 부처라고 자각한다. 나의 신·구·의 삼업이 부처의 신·구·의 삼업과 소통하고 감응하여 내가 부처임을 자각해 나가는 것이 밀교의 수행 과정이다.

여기에서 한 가지 의문이 든다. 우리나라 불교의 대표적인 종단인 조계종은 선종을 표방하며 간화선 수행을 한다. 그런데 일선 사찰에서는 주력(呪力)과 같은 밀교적인 의식과 수행을 많이 한다. 이런 수행이 조계종의 종지와 어긋나지는 않을까? 이런 기우와는 달리 선종과 밀교의 수행법은 서로 충돌하지 않는다.

밀교는 후기 대승불교가 완성한 하나의 수행 방법으로 대승불교의 중요한 전통인 공사상과 중관의 사상 체계를 고스란히 이어받았다. 때문에 모습은 다를지라도 사상 체계는 초기불교, 그리고 초기 대승불교를 온전히 계승하고 있다.

밀교는 비로자나불을 주불로 삼는다. 비로자나불은 법신으로 진리 그 자체이다. 밀교에서는 내가 부처임을 자각해 나가는 것을 수행의 핵심으로 삼는다. 여기서 말하는 부처는 진리 그 자체인 비로자나불이다. 비로자나불을 자각한다는 것은 곧 불교에서 표방하는 진리를 깨닫는 것이다.

초기불교의 핵심사상은 무엇인가? 제법무아, 제행무상, 일체개고의 세 가지다. 이것을 개념적으로 표현하면 연기 혹은 공이 될 것이다. 초기불교의 핵심사상은 공사상과 유식(唯識)이라는 정교한 체계로 발전했다. 밀교에서는 이것을 부처님의 모습으로 형상화한 것이다. 그러므로 밀교에서 '부처임을 자각한다'라는 말은 곧 연기를 깨닫는다는 말이며, 공성을 깨닫는다는 의미와 동일하다.

화두참선이란 무엇인가? 화두(話頭)란 글자를 풀이하면 말의 머리라는 뜻이다. 말을 하려면 우선 생각을 해야 한다. 따라서 화두란 생각의 머리, 즉 생각이 일어나기 이전 또는 생각이 나타나고 사라지는 곳을 의미한다. 그러나 생각이 생멸하는 장소가 따로 있는 것은 아니다. 인간의 뿌리 깊은 착각 중의 하나는 일단 존재해야 작용할 수 있다는 고정관념이다. 불교는 존재를 부정한다. 무자성, 공성은 '있다'는 우리들의 뿌리 깊은 생각을 부정하는 것이다. 화두 역시 엄밀하게 말하자면 생각이 생기고 지속되고 사라지는 전 과정을 놓치지 않는 것이다. 생각하는 그 무언가가 있고, 거기서 생각이 생겨났다 사라지는 것이 아니다. 화두 역시 이 사실을 깨닫기 위함이다. 생각이 일어난 뒤에야 알아차리면 이미 늦어 버렸다.

간화선(看話禪)을 뜻으로 풀이하면 화두를 보는 명상법이다. 화두는 곧 마음이므로 화두를 본다함은 곧 마음을 본다는 뜻이 된다. 그래서 간화선은 다른 군더더기 없이 곧바로 내 마음을 직시(直視)하는 명상법을 말한다. 불교는 '나'라고 할 만한 것이 없다는 것을 항상 강조한다. 그러므로 '생각이 일어나기 이전을 곧바로 직시한다'는 것은 숱한 생각과 감정이 생겼다가 사라지는 것을 지켜보는 수행으로 무아를 직접 확인하는 것을 의미한다. 이는 곧 불교가 표방하는 진리인 연기를 직접 체험하는 것이다. 간화선에서도 항상 마음이 곧 부처임을 강조하고 있다. 이것은 밀교에서 말하는 내가 부처임을 자각하는 것과 같은 맥락이다. 이렇게 밀교와 화두참선은 대승불교가 계승하고 심화시킨 불교의 사상을 공유하고 있다.

　　삼매는 수행에서 매우 중요하다. 삼매를 통하지 않고는 연기실상의 세계를 체험할 수 없다. 한마디로 열반을 증득할 수 없다. 화두참선이나 주력 같은 수행들은 삼매에 드는 효율적인 방법 중 하나이다. 삼매란 마음이 고요한 상태를 유지하는 것이다. 어느 정도로 마음이 고요하여야 하는가를 실감 나게 설명해 주는 표현 중의 하나가 바로 '해인삼매(海印三昧)'이다. 해인은 바다가 너무나 고요하여 마치 바다에 도장을 찍은 것처럼 내 얼굴을 선명하게 비출 수 있는 상태를 말한다. 해인삼매란 그 정도로 마음이 고요한 상태를 말한다. 삼매란 이런 마음을 유지하는 것이며 그래야 번뇌가 완전히 종식된 열반을 증득할 수 있다.

　　간화선은 중국에서 만들어진 수행법이고, 주력(呪力)은 인도의 전통적인 수행 방식이었다. 어느 것도 고타마 싯다르타가 창시한 것이 아니다. 고타마 싯다르타가 찾은 수행의 방법은 위빠사나(Vipassanā)와 사마타(Samatha)였다. 그러나 불교는 발전을 거듭하면서 인도의 전통적인 수행 방법 중 하나인 진언을 흡수하여 일반인들도 불교의 가르침에 쉽게 접근할 수 있도록 했다. 중국으로 건너간 불교는 중국인의 정서에 맞는 수행 방식인 간화선을 탄생시켰다. 불교와 달리 인도의 전통적인 수행에서는 열반이 아니라 해탈을 강조한다. 해탈이란 모든 고통으로부터 자유로워지는 것으로, 나와 절대적 존재인 브라흐만의 합일을 말한다. 불교에서는 번뇌를 종식하면 신적인 존재나 절대자가 등장하는 것이 아니라 다만 연기실상의 세계가 드러난다고 말한다. 같은 주력을 하더라도 힌두교 수행전통에 입각하여 하는 것과 불교의 사상에 기반하여 하는 것은 지향하는 바가 다르다. 중요한 것은 수행의 지향점이다. 주력을 하든, 화두 참선을 하든, 기도를 하든 핵심은 삼매에 들어 불교가 추구하는 열반을 증득하는 것이다.

누군가는 이렇게 질문할 것이다. "혜능 스님은 나무를 하는 일자무식이었는데 누군가 『금강경』을 읽는 소리를 듣고 그 자리에서 깨달았다. 삼매에 들지 않고도 깨달은 것이 아닌가?" 그러나 혜능 스님은 숱한 전생에 걸쳐 엄청난 수행을 하여 마침내 이생에서 『금강경』 한 구절을 듣고 깨친 것이다. 수행의 방식이나 형식은 부차적인 문제이다. 중요한 것은 해당하는 수행법이 수행자를 삼매로 이끄는지 여부와 불교의 핵심을 담고 있는지 여부이다. 밀교의 수행전통, 간화선의 수행전통은 한국 불교의 틀 안에 들어와 어우러져 서로 충돌하지 않고 융합되어 있다. 불자들이 매일 독송하는 『천수경』이 가장 대표적인 사례이다.

『천수경』의
구성

<u>도입부</u>

정구업진언

『수리수리 마하수리 수수리 사바하』(3번)

오방내외안위제신진언

『나무 사만다 못다남 옴 도로도로 지미 사바하』(3번)

개경게

위없이 심히 깊은 미묘한 법을
백천만겁 지난들 어찌 만나리.
제가 이제 보고 듣고 받아 지니니
부처님의 진실한 뜻 알아지이다.

개법장진언

『옴 아라남 아라다』(3번)

『천수경』은 '정구업진언'과 '오방내외안위제신진언', '개경게', '개법장진언'으로 시작한다. '정구업진언'은 입으로 지은 업을 청정하게 하는 진언이다. '오방내외안위제신진언'은 모든 방위의 여러 신중을 편안하게 모시는 진언이다. '개경게'는 경전을 펼치는 게송이며, '개법장진언'은 법의 곳간을 여는 진언이다. 여기까지는 『천수경』 자체의 내용이라기보다는 의식을 본격적으로 진행하기 전에 준비를 하는 도입부라고 볼 수 있다.

찬탄

천수천안 관음보살 광대하고 원만하여
걸림없는 대비심의 다라니를 청하옵니다.
자비로운 관세음께 절하옵나니
크신원력 원만상호 갖추시옵고
천손으로 중생들을 거두시오며
천눈으로 광명비춰 두루살피네.
진실하온 말씀중에 다라니펴고
함이없는 마음중에 자비심내어
온갖소원 지체없이 이뤄주시고
모든죄업 길이길이 없애주시네.
천룡들과 성현들이 옹호하시고
백천삼매 한순간에 이루어지니
이다라니 지닌몸은 광명당이요
이다라니 지닌마음 신통장이라.
모든번뇌 씻어내고 고해를건너
보리도의 방편문을 얻게되오며
제가이제 지송하고 귀의하오니
온갖소원 마음따라 이뤄지이다.

다음으로 『천수경』의 정식 이름을 고한다. '천수천안관자재보살광대원만무애대비심대다라니'를 지금부터 독송할 테니 잘 들어달라는 것이다. 그리고 본격적으로 관세음보살님이 얼마나 훌륭하신 분인가를 낱낱이 읊으며 찬탄하는 부분이 나온다. 천 개의 눈과 손으로 중생들을 두루 살피시고 우리들의 소원을 지체 없이 들어주시며 우리가 지은 모든 죄업을 없애 주시는 훌륭한 분이라고 찬탄한 이후에는 신묘장구대다라니가 얼마나 신통한지를 이야기한다.

귀의

자비하신 관세음께 귀의하오니
일체법을 어서속히 알아지이다.
자비하신 관세음께 귀의하오니
지혜의눈 어서어서 얻어지이다.
자비하신 관세음께 귀의하오니
모든중생 어서속히 건네지이다.
자비하신 관세음께 귀의하오니
좋은방편 어서어서 얻어지이다.
자비하신 관세음께 귀의하오니
지혜의배 어서속히 올라지이다.
자비하신 관세음께 귀의하오니
고통바다 어서어서 건너지이다.

자비하신 관세음께 귀의하오니
계정혜를 어서속히 얻어지이다.
자비하신 관세음께 귀의하오니
열반언덕 어서어서 올라지이다.
자비하신 관세음께 귀의하오니
무의집에 어서속히 들어지이다.
자비하신 관세음께 귀의하오니
진리의몸 어서어서 이뤄지이다.

다음부터는 이처럼 훌륭하신 관세음보살님께 귀의하오니 이러이러한 열 개의 서원을 이루게 해 달라고 요청한다. 축원문을 비롯한 불교의 의식은 삼귀의로 시작하여 사홍서원으로 끝난다. 『천수경』도 같은 형식을 따라 귀의하는 내용이 먼저 나오고 발원하는 내용이 뒤따른다. 귀의하고 발원하는 것은 신행 생활의 전부이다. 교리를 깊이 알고 불교학에 박식하다 하더라도 귀의하지 않고 발원하지 않으면 부처님의 가르침을 실천하는 사람이 아니며 진정한 의미의 불자라고 할 수 없다. 반면 부처님의 가르침을 잘 모른다 하더라도, 매일 잊지 않고 진심으로 귀의하고 발원한다면 그 사람은 참된 의미의 불자라 할 것이다.

  칼산지옥 제가가면 칼산절로 꺾여지고

화탕지옥 제가가면 화탕절로 사라지며
지옥세계 제가가면 지옥절로 없어지고
아귀세계 제가가면 아귀절로 배부르며
수라세계 제가가면 악한마음 선해지고
축생세계 제가가면 지혜절로 얻어지이다.

귀의하고 나면 어떤 사람이 되는지를 보여주는 대목이다. 그런데 지옥이 저절로 없어지게 하고 지혜가 저절로 얻어지는 사람은 과연 누구인가? 평범한 중생이라면 어림도 없는 일이다. 여기에서 설명하는 사람은 곧 불보살님에 다름 아니다. 다시 말해 귀의하면 내가 곧 불보살이 된다. 귀의를 왜 하는가? 내가 곧 부처가 되기 때문이다. 귀의하는 것은 내가 부처임을 스스로 확인하는 과정이다. 불보살님들의 훌륭한 모습을 상상하고, 자비롭고 뛰어난 덕행을 상상하며, 내 마음속을 불보살님으로 가득 채우는 과정이다. 그래서 귀의를 하기 전에 불보살님에 대한 찬탄을 하는 것이다. 귀의를 한 순간부터는 내가 바로 부처님이고 관세음보살이라는 마음으로 수행해야 한다. 관세음보살의 마음으로 말하고 행동하고 생각하는 것이 바로 수행이기 때문이다.

나무관세음보살마하살
나무대세지보살마하살

나무천수보살마하살

나무여의륜보살마하살

나무대륜보살마하살

나무관자재보살마하살

나무정취보살마하살

나무만월보살마하살

나무수월보살마하살

나무군다리보살마하살

나무십일면보살마하살

나무제대보살마하살

나무본사아미타불(3번)

'나무'라는 말은 '귀의한다'는 뜻의 산스크리트어다. 이 구절은 귀의하고 또 귀의하는 것을 의미한다. 앞서 관세음보살님께 열 번씩이나 귀의하고 내가 관세음보살이 되었다고 마음먹었지만, 여기에서 그치지 않고 다시 한번 열두 가지나 되는 관세음보살님의 다른 이름을 부르면서 귀의하는 것이다. 결국 『천수경』에서 신묘장구대다라니를 하기 전까지의 모든 의식은 귀의이다. 불교에서 귀의하는 마음이 얼마나 중요한가를 잘 보여주는 대목이다.

신묘장구대다라니

나모 라다나 다라야야 나막알야 바로기제 새바라야 모
지 사다바야 마하 사다바야 마하가로 니가야 옴 살바 바
예수 다라나 가라야 다사명 나막 가리다바 이맘알야 바로
기제 새바라 다바 니라간타 나막 하리나야 마발다 이사미
살발타 사다남 수반 아예염 살바 보다남 바바말아 미수다
감 다냐타 옴 아로계 아로가 마지로가 지가란제 혜혜하례
마하모지 사다바 사마라 사마라 하리나야 구로구로 갈마
사다야 사다야 도로도로 미연제 마하 미연제 다라다라 다
린나례 새바라 자라자라 마라 미마라 아마라 몰제 예혜혜
로계 새바라 라아 미사 나사야 나베 사미사미 나사야 모
하자라 미사미 나사야 호로호로 마라호로 하례 바나마 나
바 사라사라 시리시리 소로소로 못자못자 모다야 모다야
매다리야 니라간타 가마사 날사남 바라 하라나야 마낙 사
바하 싯다야 사바하 마하 싯다야 사바하 싯다유예 새바라
야 사바하 니라간타야 사바하 바라하 목카싱하 목카야 사
바하 바나마 하따야 사바하 자가라 욕다야 사바하 상카섭
나녜 모다나야 사바하 마하라 구타다라야 사바하 바마사
간타 이사 시체다 가릿나 이나야 사바하 먀가라 잘마 이
바 사나야 사바하
『나모 라다나 다라야야 나막알야 바로기제 새바라야 사바
하』(3번)

신묘장구대다라니는 『천수경』의 핵심이다. '다라니'는 '진언'이다. 만트라(Mantra)를 다라니와 구분해서 말할 경우, 길이가 불과 몇 개의 음절이나 구(句)로 이루어져 훨씬 짧은 것을 말한다. 다라니 수행은 진언 자체에 힘이 있다고 믿는 것이며, 그렇게 믿음으로써 말 하나하나에 온 마음을 쏟아 집중하여 독송하고 외우는 것이다. 이렇게 진언을 열심히 독송하는 수행을 주력이라 한다. 주력을 할 때에 중요한 것은 마음을 흩트리지 않고 진언에 집중하는 것이지, 이 구절이 무슨 뜻인가를 고민하는 것은 오히려 망상이라 해도 과언이 아니다. 경전의 내용을 숙고하며 이해하는 것은 주력과는 별개의 과정이다. 『천수경』은 신묘장구대다라니라는 진언을 제대로 독송하기 위해 준비된 경전이라 해도 과언이 아니다. 이 다라니가 엄청난 에너지를 담고 있는 진언이기 때문에 달랑 진언만 외우는 것이 아니라 앞뒤로 귀의하고 참회하고 발원하는 과정을 함께하는 것이다. 한편 초기불교에서는 진언이 등장하지 않는다. 진언은 인도 전통 수행에서 비롯된 것을 나중에 불교가 수용한 것으로, 후기 대승불교(밀교)에서 중심적인 역할을 한다. 현재 한국불교에서는 『천수경』을 일상적으로 독송하는데, 여기에서 이런 의문이 들 수 있다.

'『천수경』같이 진언이 많은 경전은 밀교의 영향을 받은 것인데, 따지고 보면 밀교는 부처님의 원음을 담고 있는 초기불교가 아니니까 배척해야 하는 것이 아닐까?' 그러나 이런 생각은 버리는 것이 좋다. 음식을 먹을 때 전통적인 한식만 먹는 것이 아니라 중식이나 양식도 일상적으로 먹는다. 중식은 우리나라 전통이 아니니까 음식으로 취급할 수 없다고 생각하는 사람은 아무도 없다. 같은 맥락에서 초기불교만 불교이고 대승불교는 불교가 아니다, 혹은 초기불교와 대승불교는 완전히 다르다, 또는 밀교는 초기불교가 아니므로 공부할 필요도 없고 가까이할 필요도 없다는 식의 접근은 지양해야 한다. 초기불교나 초기 대승불교, 중관, 유식, 후기 대승불교, 밀교 등은 모두 불교의 다른 모습이다. 이들 각각의 교리들은 이전의 교리를 계승하며 나타난 모습들이다. 그리고 이들은 현재 한국불교 안에 여러 가지 모습으로 자연스럽게 스며들어 있다.

참회

【 사방찬 】

동방에 물뿌리니 도량이맑고
남방에 물뿌리니 청량얻으며
서방에 물뿌리니 정토이루고
북방에 물뿌리니 평안해지네.

【 도량찬 】

온도량이 청정하여 티끌없으니
삼보천룡 이도량에 강림하시네.

제가이제 묘한진언 외우옵나니

대자대비 베푸시어 가호하소서.

【 참회게 】

지난세월 제가지은 모든악업은

옛적부터 탐진치로 말미암아서

몸과말과 생각으로 지었사오니

제가이제 모든죄업 참회합니다.

【 참제업장십이존불 】

나무참제업장보승장불　　보광왕화렴조불

일체향화자재력왕불　　　백억항하사결정불

진위덕불　　　　　　　　금강견강소복괴산불

보광월전묘음존왕불　　　환희장마니보적불

무진향승왕불　　　　　　사자월불

환희장엄주왕불　　　　　제보당마니승광불

【 십악참회 】

살생으로 지은죄업 참회합니다.

도둑질로 지은죄업 참회합니다.

사음으로 지은죄업 참회합니다.

거짓말로 지은죄업 참회합니다.

꾸민말로 지은죄업 참회합니다.
이간질로 지은죄업 참회합니다.
악한말로 지은죄업 참회합니다.
탐욕으로 지은죄업 참회합니다.
성냄으로 지은죄업 참회합니다.
어리석어 지은죄업 참회합니다.

오랜세월 쌓인죄업 한생각에 없어지니
마른풀이 타버리듯 남김없이 사라지네.
죄의자성 본래없어 마음따라 일어나니
마음이 사라지면 죄도함께 없어지네.
모든죄가 없어지고 마음조차 사라져서
죄와마음 공해지면 진실한 참회라네.

【 참회진언 】
『옴 살바 못자 모지 사다야 사바하』(3번)

신묘장구대다라니 이후에는 참회하는 내용이 이어진다. 『천수
경』의 전체 구성을 보면, 신묘장구대다라니를 중심으로 앞에
서는 귀의를 하고 뒤에서는 참회하고 발원한다. 이것이 『천수
경』의 기본적인 구성임을 알고 독송하는 것과 구성을 인식하
지 못하고 독송하는 것은 엄청난 차이가 있다.

준제관음보살에 대한 찬탄

준제찬(준제주의 찬)

준제주는 모든공덕 보고이어라.

고요한 마음으로 항상외우면

이세상에 온갖재난 침범못하리.

하늘이나 사람이나 모든중생이

부처님과 다름없는 복을받으니

이와같은 여의주를 지니는이는

결정코 최상의법 이루오리라.

『나무 칠구지불모대준제보살』(3번)

정법계진언(법계를 맑게 하는 진언)

『옴 남』(3번)

호신진언(몸을 보호하는 진언)

『옴 치림』(3번)

관세음보살 본심미묘 육자대명왕진언

『옴 마니 반메 훔』(3번)

준제진언

『나무 사다남 삼먁삼못다 구치남 다냐타

옴 자례 주례 준제 사바하 부림』(3번)

준제발원(준제보살의 발원)

제가이제 준제주를 지송하오니

보리심을 발하오며 큰원세우고

선정지혜 어서속히 밝아지오며

모든공덕 남김없이 성취하옵고

수승한복 두루두루 장엄하오며

모든중생 깨달음을 이뤄지이다.

참회에 이어 준제보살을 찬탄하는 내용이 이어진다. "준제주(準提咒)"는 준제보살을 이야기한다. 준제보살은 준제관세음보살로 관세음보살님의 또 다른 이름이다. 준제보살의 모든 모공(毛孔)에서 부처님들이 나왔다고 한다. 준제관음은 힌두교의 신을 불교가 받아들이며 생겨났기 때문에 불자들이 일상적으로 흔히 접할 수 있는 보살님은 아닐뿐더러, 다양한 이름으로 불리고 해석되고 있다. 공통된 점은 '칠구지불모대준제보살'이라는 칭호에서 엿볼 수 있는데, '구지(俱胝)'라는 말이 숫자를 세는 단위인 억을 뜻하므로 이를 풀이하면 준제보살은 7억 분의 불보살님들의 어머니라는 뜻이다. 그러니까 발원을 하기 전에 모든 불보살님들을 대표하여 7억 부처님들의 어머니인 준제보살을 다시 한번 찬탄하는 시간을 가지는 것이다.

여래의 발원

【 여래십대발원문 】

원하오니 삼악도를 길이 여의고

탐·진·치 삼독심을 속히 끊으며

불·법·승 삼보 이름 항상 듣고서

계·정·혜 삼학을 힘껏 닦으며

부처님을 따라서 항상 배우고

원컨대 보리심에 항상 머물며

결정코 극락세계 가서 태어나

아미타 부처님을 친견하옵고

온 세계에 모든 국토 몸을 나투어

모든 중생 빠짐없이 건져지이다.

【 발사홍서원 】

가없는 중생을 건지오리다.

끝없는 번뇌를 끊으오리다.

한없는 법문을 배우오리다.

위없는 불도를 이루오리다.

자성의 중생을 건지오리다.

자성의 번뇌를 끊으오리다.

자성의 법문을 배우오리다.

자성의 불도를 이루오리다.

일반적으로 발원문은 귀의하고, 개인적인 발원을 하고, 사홍서원을 하는 구성으로 이뤄진다. 『천수경』에서는 개인적인 발원을 하는 대신 불보살로서의 발원을 한다. 그래서 사홍서원 앞에 여래십대발원문이 자리하는 것이다. 이미 앞서 내가 불보살이 되었음을 천명했으니 여래의 마음으로 중생을 위하는 발원을 하면서 『천수경』을 마무리한다.

마무리

제가이제 삼보님께 귀명합니다.
시방세계 부처님께 귀명합니다.
시방세계 가르침에 귀명합니다.
시방세계 스님들께 귀명합니다.

도입부가 있으면 마무리도 있다. "제가 이제 삼보님께 귀명합니다."라고 시작하는 이 구절로 『천수경』을 마무리한다.

귀의를 한 순간부터는
내가 바로 부처님이고
관세음보살이라는
마음으로 수행해야 한다.

참회하는
이유

신묘장구대다라니 주력 이후에는 참회에 대한 내용들이 이어진다. 왜 『천수경』에 이처럼 참회하는 내용이 많은 비중을 차지할까?

무자성, 참회의 핵심

참회의 핵심은 무엇일까? 무자성이다. '죄의 자성은 본래 없어서 마음 따라 일어난다'라고 하는 구절이 참회의 핵심이다. 무자성이 무엇인지를 이해하는 것은 불교의 전부를 이해하는 것이다. 무자성, 공성, 연기를 이해하는 것이 불교의 핵심이다. 예를 들어 어떤 아이가 증심사에 있는 적묵당을 가리키며 "저게 뭐예요?" 하고 묻는다면 내가 할 수 있는 대답은 "저건 적묵당이야." 밖에 없다. 적묵당은 적묵당이다. 그 외의 대답은 없다. 아이도 이 정도 대답이면 일단은 수긍한다. 우선 당장 아이가 궁금해하는 것은 이름이기 때문이다. 아이의 질문은 '내가 저것을 뭐라고 불러야 하나?' 하는 궁금증에서 시작되었기 때문이다. 이제 아이와 함께 적묵당 안에 들어가서 차를 마신다고 하자. 아이는 적묵당을 볼 수 있을까? 적묵당 안에는 방석이 있고, 찻상도 있고, 찻잔도 있지만 아무리 눈을 씻고 봐도 적묵당은 없다. 참으로 이상한 일이다. 저것이 적묵당이라면 적묵당 안에서는 적묵당의 내부를 볼 수 있어야 한다. 그러나 적묵당 안에 들어가면 적묵당을 볼 수 없다. 적묵당은 오로지 적묵당 밖에서 다른 대상과 비교했을 때 비로소 눈으로 확인할 수 있다. 법당, 산 그리고 나무들과 비교해서 보아야 비로소 적묵당이 있는 것이다. 알고 보면 적묵당은 다른 것과 구별한 뒤에 이름을 붙인 것이 전부이다. 그런데 우리는 착각을 한다. 저것은 원래부터 적묵당이고, 전체가 적묵당이고, 저것을 적묵당이게끔 하는 무언가가 있다고 믿는다. 그러나 그렇지 않다. 적묵당 안에는 적묵당이 없다.

다른 것과 구별하기 위해서 붙여진 이름, 그리고 그 이름에 따라 내 마음속에 만들어진 이미지에 다름 아니다. 이처럼 우리는 우리 마음속에서 만들어낸 이미지를 두고 변하지 않는 무언가가 있다고 착각한다. 이것이 모든 번뇌를 만들어내는 핵심이다. 사실은 나라고 할 만한 것이 없는데 착각에 빠져서 모르는 것이다. 죄도 마찬가지다. 다른 행동과 비교해서 어떤 행동은 나쁜 행동이라고 구별 짓는다. 하지만 죄를 죄이게끔 하는 본질은 없다. 그래서 죄는 미워하되 사람은 미워하지 말라는 말도 있는 것이다. 죄 역시 내가 마음속에 만들어 놓은 이미지를 따라 만든 것이니 내 마음이 잘못 생각했다는 것을 알아차리면 죄도 함께 사라진다는 것이다.

적묵당 이야기로 돌아가 보자. 적묵당은 1년 전에도 적묵당이었고, 1년 후에도 적묵당일 것이다. 우리가 '말'하는 적묵당은 변하지 않는다.

자성의 핵심도 변하지 않는다는 것에 있다. 그런데 불교에서는 무상을 이야기한다. 곰곰이 생각해 보자. 나에게 자성이라는 것이 있다면 10년 전의 나와 1년 전의 나, 10년 후의 나는 모두 똑같을 것이다. 내 성격, 내 행동, 내 말투 모든 것이 본질적으로 같다. 나를 나이게 하는 무엇, 즉 자성이 있다면 내가 아무리 중생으로서의 나를 바꾸기 위해서 노력해도 나는 바뀔 수 없는 존재일 것이다.

그러나 우리는 본능적으로 무자성을 체험한다. 노력하면 내 자신이 바뀐다는 것을 경험적으로 알고 있다. 그것이 바로 자성이 없다는 증거이다. 자성이 없기 때문에 어떤 때에는 좋은 행동을 하고, 어떤 때에는 나쁜 행동을 한다. 나쁜 행동을 했을 때 참회하는 것이 그래서 중요하다. 애시당초 '나'라는 것은 고정된 것이 아니기 때문이다. 매 순간의 행동 하나하나, 생각 하나하나가 곧 '나'에 다름 아니다. 그러므로 수행 그 자체가 곧 참회이다. 신묘장구대다라니 뒤에 참회하는 내용이 길게 나오는 것도 바로 이런 이유에서다.

일반적인 죄

불교에서 말하는 참회는 내가 저지른 잘못을 뉘우치고 반성하는 것이다. 마음으로만 하는 것이 아니라 몸으로도 반성하는 것이 참회이다. 참회를 하기 위해서는 먼저 죄를 지어야 한다. 죄가 없다면 참회할 필요도 없다. 그렇다면 과연 죄란 무엇인가?

죄는 어떤 기준이나 틀, 규칙에 어긋나는 것이다. 기준이

나 규칙의 종류는 다양하다. '아침에 일찍 일어나기'와 같이 내가 정한 기준에 합당하지 못한 행동을 했다면 남들은 모르지만 스스로는 마음속으로 죄책감을 느낀다. 만일 부모님의 치매가 심해져서 요양 병원에 입원시켰다고 하자. 매일 요양 병원에 찾아뵈어야겠다고 생각했는데 한 번도 못 갔다면 마음으로 큰 죄의식을 느낄 것이다. 법적으로 잘못한 것은 아니지만 부모를 잘 봉양해야 한다는 사회적 관념에 비추어 스스로 죄의식을 느낀다. 또 만약 부모님의 병세가 악화되어 수술을 해야 하는데 수중에 돈이 없어서 나중에 채워 넣을 요량으로 회삿돈을 잠깐 융통했다면, 이것은 명백한 범법 행위이다. 이처럼 내 기준에 합당하지 못한 행동을 했을 때, 도덕적으로 어긋나는 행동을 했을 때, 사회에서 정한 법의 테두리에서 벗어나는 행동을 했을 때 죄의식을 느끼고, 법을 어겼을 때에는 그에 합당한 처벌을 받기도 한다. 그러나 이러한 것들이 불교에서 말하는 죄는 아니다.

불교에서의 죄

불교에서 말하는 죄는 크게 두 가지로 생각할 수 있다. 첫 번째는 일반 사회에서 통용되는 죄와 비슷하다. 앞서 말했듯 어떤 기준이나 규칙, 틀에서 벗어났을 때를 말하는데, 다만 그 기준이 되는 것이 부처님이 정해 놓은 계율이다. '살생하지 말라', '도둑질하지 말라', '사음하지 말라' 등 부처님께서 계율을 정하고 계율에 따른 벌칙 조항을 만들어 두었으므로 불교에서는 계율을 어기면 죄를 짓는 것이다.

두 번째는 보다 넓은 의미의 근본적인 죄이다. 『천수경』에서 말하는 죄가 여기에 해당하는데 중생심으로 행하는 모든 행동, 탐·진·치로 말미암아서 일어나는 모든 행동이다. 성내고 어리석고 욕심내어 행하는 모든 행동은 악업이 되고, 악업은 결과적으로 수행에 방해가 되므로 죄를 짓는 것이다. 불교에서 죄란 수행에 방해되는 것으로, 이는 곧 내가 짓는 악업과 동일하다.

악업은 어디에서 오는가? 『천수경』의 참회게에서 확인할 수 있다.

지난세월 제가지은 모든악업은
옛적부터 탐진치로 말미암아서
몸과말과 생각으로 지었사오니
제가이제 모든죄업 참회합니다.

탐·진·치가 원인이 되어 몸으로, 말로, 마음으로 죄를 지었다는 이야기다. 그 이후에 나오는 게송에 참회의 핵심이 담겨 있다.

오랜세월 쌓인죄업 한생각에 없어지니

마른풀이 타버리듯 남김없이 사라지네.
죄의자성 본래없어 마음따라 일어나니
마음이 사라지면 죄도함께 없어지네.
모든죄가 없어지고 마음조차 사라져서
죄와마음 공해지면 진실한 참회라네.

이번 생뿐만 아니라 숱한 생에 걸쳐 지은 악업들이 한순간에 없어진다고 한다. 왜냐하면 죄는 자성이 없어서 마음 따라 일어나기 때문이다. 죄는 본래 실체가 없기 때문에, 마음에 의지해서 일어난다. 마음에 의지하기 때문에 마음이 사라지면 죄도 사라진다. 한 생각 돌이키면 죄도 없어질 수 있는 것이다. 왜 그러한가? 죄의 본질은 중생심으로 행한 모든 업이기 때문이다. 중생심을 털어 버리고 보살심으로 마음을 가득 채운 순간 죄는 모두 사라진다.

지금부터라도 죄에 대한 선입견을 바꿔야 한다. 일반적으로 죄를 지으면 경찰이 출동하고 재판을 받아 형을 구형받고 감옥에 가는 것을 생각한다. 이것은 죄의 일부분이다. 일반적인 죄의 틀을 가지고 불교에서 말하는 죄를 이해하려고 하면 안 된다. 부처님이 말하는 죄는 악업이다. 수행에 방해되는 몸과 말과 생각으로 짓는 모든 행동이 중생들을 깨달음에서 멀어지게 하므로 죄가 된다. 반면 수행에 도움이 되고 깨달음을 얻는 데에 도움이 되는 행동은 죄를 없애고 공덕을 쌓아서 하루

빨리 열반을 증득하게 한다.

참회하는 것은 죄를 씻어내기 위함이요, 죄를 씻어내는 방법은 선업을 쌓는 것이고, 선업을 쌓는 것은 공덕을 쌓는 것이다. 공덕을 쌓으면 당장 깨달음을 얻지 못하더라도 인연이 도래하면 깨달음에 이를 수 있다. 공덕 없이 무언가를 얻겠다는 생각은 잘못된 생각이다. 공덕을 쌓아야 그에 합당한 과보가 있다. 그래서 우리는 참회를 한다.

『천수경』의 순서를
다시 생각함

신묘장구대다라니 뒤에 참회가 따르는 이유

『천수경』의 핵심인 신묘장구대다라니 앞에서는 관세음보살님을 찬탄하고 귀의했다. 신묘장구대다라니 뒤에는 참회가 따른다. 왜 그럴까? 내가 관세음보살님이 되어 관세음보살님의 말과 행동으로 주력을 했는데 자신을 돌아보니 나 자신은 여전히 중생이다. 욕심내고 집착하고 미워하는 중생심에 찌들어 있는 내가 부끄럽고, 중생으로서 짓는 나의 행동에 죄책감을 느끼게 된다. 신묘장구대다라니 수행을 하고 나서 참회를 하지 않을 수 없는 이유이다.

참회 뒤에 발원이 이어지는 이유

참회를 하고 나면 '도대체 어떻게 살아야 하지?'라는 의문이 뒤따른다. 그래서 참회를 하고 나면 여래십대발원문이나 사홍서원 같은 원을 세운다. 발원이라 함은 욕심을 내는 것이다. 욕심은 지금 내게 부족한 것을 채우고 싶은 마음이다. 열심히 참회를 하다 보니 지금 내게 보살심이 부족하다는 것을 알게 된다. 그래서 보살심을 채우고 싶다고 욕심내는 것, 그것이 깨달음을 얻고 싶다는 발원인 것이다.

한 가지 주의해서 보아야 할 점이 있다. 축원문에서는 개인의 발원을 하고, 『천수경』에서는 개인의 발원이 아니라 내가 여래가 됐을 때의 발원을 한다. 왜냐하면 이미 귀의하여, 스스로가 불보살임을 자각하였고, 중생심에 물든 자신을 참회까지 하였으므로 이제야말로 진정으로 여래로서 발원할 때인 것이다.

역순으로 『천수경』을 되짚어 보기

다시 한번 『천수경』의 순서를 되짚어 보자. 관세음보살님을 찬탄하고 나도 관세음보살님처럼 생각하고 말하고 행동하겠다며 관세음보살님께 귀의하고, 그런 마음으로 신묘장구대다라니 주력을 하고 나니 중생심에 찌들은 내 모습이 부끄러워 깊은 죄책감으로 참회를 한다. 참회를 하고 나니, 진심으로 깨달음을 얻어 성불도생의 길을 가고 싶다. 이런 원을 세워서 불보살님 전에 맹세한다.

『천수경』의 시작은 관세음보살님에 대한 찬탄이다. 즉 관세음보살님에 대한 믿음으로 시작한다. 믿음이 없으면 첫 단추를 낄 수 없다. 그러면 이후의 모든 과정이 제대로 작동되지 않는다. 그런데 엄청난 믿음을 줄 만한 영험담을 실제 경험하는 경우는 그다지 많지 않다. 이럴 때는 『천수경』을 뒤에서부터 거꾸로 읽기를 권한다.

지금 나에게 부족한 것이 무엇인가, 나의 현실에 비추어 무엇이 불만족스러운가를 돌아본다. 지금 나에게 결핍된 것은 나를 괴롭게 하는 것이다. 지금 내가 헤어나올 수 없는 번뇌의 굴레에서 살고 있다는 것을 확인하면 여기에서 벗어나고 싶다는 욕망, 즉 발원이 생긴다. 발원을 세우고 나서 이 세상을 보니 나도 모르게 범했던 잘못된 행동이 너무나 많다. '알게 모르게 나 자신과 세상을 힘들게 했구나!' 반성하고 참회한다. 참회하면서 어디로 나아가야 할지를 찾다 보면 불보살님의 삶이 좋은 예시가 된다. 나도 부처님처럼 살고 싶다는 생각이 곧 귀의하는 것이다. 그런데 귀의하려고 해도 중생으로서 살아온 업이 너무나 크므로 부처님께 의지하여야 한다. 이러이러한 일을 한 당신을 닮고 싶다, 따라가고 싶다고 외치는 것, 그것이 바로 찬탄이다.

이렇게 역순으로 『천수경』을 읽고 나서 다시 『천수경』을 정주행하면 처음과는 다른 뭔가를 느낄 것이다. 내 안에서 믿음이 그만큼 자라난 것이다. 순행과 역행을 반복하다 보면 모르는 사이에 신심이 깊어질 것이다.

불교가 발전했던 인도 사회는 종교가 일상이었다. 수많은 신들이 일상에 녹아 있기 때문에 신에 대한 존경과 경외심을 가지는 것이 지극히 자연스러웠다. 그러나 21세기의 현실에서는 종교가 푸대접을 받고 있다. 현대인의 절반 이상이 종교에 관심도 없다. 때문에 역순으로 접근하여 불보살님에 대한 믿음과 존경심을 키워나가는 것도 하나의 방법이다.

참회하면서 어디로 나아가야
할지를 찾다 보면 불보살님의
삶이 좋은 예시가 된다.

4장

불교의

기도와

수행

기도의 공덕과
가피

가피력이란 불보살님들이 자비를 베풀어서 우리 중생들을 이롭게 하는 힘을 말한다. 자비심과 중생들을 이롭게 하려는 마음이 합쳐져서 가피를 이룬다. 그런데 중생과 불보살님은 무엇이 이로운지에 대한 생각이 서로 다르다.

중생들인 우리가 생각할 때 이로운 것이란 나를 포함한 가족의 건강과 가정의 화목, 더도 말고 덜도 말고 남들만큼만 가지고 있는 재물 같은 것이다. 우리에게 행복한 것은 내 자신에게 좋은 것, 내 자신에게 득이 되는 것이다. 우리 마음은 항상 무언가를 원한다.

중생들은 태어날 때부터 선천적으로, 무조건적으로, 무의식적으로 '나'라는 것에 집착한다. 때문에 나에게 이로운 것을 행복이라고 생각하고 있다. 반면 불보살님들이 보기에 중생들을 이롭게 하는 것은 번뇌의 뿌리를 완전히 뽑아서 열반에 이르고 깨달음을 증득하는 것이다.

한편 공덕(功德)이란 공을 들이는 것이다. '공'은 힘써 노력하는 것이고 '덕'은 얻는다는 뜻이다. 공덕이라 함은 열심히 노력하면 얻는 바가 있다는 의미이다. 그러나 자기에게 이로운 방향으로 노력해서 얻는 것은 공덕이 아니다. 굳이 공덕이라고 이야기할 때는 선한 마음으로 베푸는 노력을 하고 그것의 결과로서 좋은 과보를 받았을 때를 말한다. 공덕이 없으면 불성이라는 씨앗이 싹을 틔울 수 없다. 불성은 부처가 될 수 있는 가능성을 말한다. 아무리 가능성이 많아도 공덕을 쌓지 않으면 싹을 틔우지 못하고 고사한다. 공덕은 나를 위하는 중생심이 아니라 모든 중생을 위하여 노력하는 행위이다. 가뭄 끝에 내리는 단비를 가피라고 한다면, 공덕이란 농부가 땅을 열심히 일구는 것이다. 부지런한 농부가 비료도 주고 김도 매고 돌도 골라낸 밭에만 비가 내리는 것은 아니다. 게으른 자가 조금도 돌보지 않는 밭에도, 돌무더기나 자갈밭에도, 공장 폐수가 스며들어 아무것도 자랄 수 없는 땅에도 비는 내린다. 이 중에서 씨앗을 틔우고 열매를 맺을 수 있는 곳은 부지런한 농부의 기름진 밭이다.

하늘에서 내리는 비는 부처님의 가르침, 지혜와 자비다. 부지런한 농부의 비옥한 대지는 공덕이다. 공덕을 쌓지 않은 농부의 밭은 아무리 불성이라는 씨앗을 심은들, 아무리 비가 온들 싹을 틔울 수 없다. 공덕은 불성이 자랄 수 있는 밭이다. 공덕과 부처님의 가피가 만나야 불성의 싹이 트고 자라나 영원한 행복, 궁극적인 행복, 열반이라는 열매를 맺을 수 있다. 공덕 없이 가피만 바라는 것은 내 안에 있는 불성의 씨앗을 스스로 죽이는 짓이다. 불보살님들의 가피를 바라기 전에 '내가 먼저 공덕을 쌓아야겠구나' 하는 생각을 내야 한다.

누군가는 이렇게 생각할지도 모른다. '나는 이제 나이도 많고 기운도 없고 돈도 없는데 무슨 수로 공덕을 지을 수 있겠나?' 부처님 당시에도 똑같은 생각을 한 사람이 있었다. 『잡보장경(雜寶藏經)』에 보면 어느 날 한 늙은이가 부처님을 찾아와

불교의 기도와 수행

이렇게 물었다.

"부처님, 저는 하는 일마다 되는 일이 없습니다. 도대체 그 이유가 무엇입니까?"

"그것은 당신이 남에게 베풀지 않았기 때문이다."

이렇게 부처님께서 답하셨다. 그러자 늙은이가 다시 말했다.

"부처님이 보다시피 저는 아무것도 없는 빈털터리입니다. 남을 돕고 싶어도, 베풀고 싶어도 베풀 것이 없습니다."

부처님께서 다시 답하셨다.

"그렇지 않다. 아무런 재산이 없더라도 베풀 수 있는 일곱 가지가 있다."

부처님이 말씀하신 재산이 없어도 베풀 수 있는 일곱 가지는 다음과 같다.

화안시, 환하고 정다운 얼굴로 사람을 대하는 것
언시, 칭찬하는 말, 사랑스러운 말, 격려의 말로 사람을 대하는 것
심시, 마음의 문을 열고 따뜻한 마음을 주는 것
안시, 호의를 담은 눈으로 사람을 대하고 눈으로 베푸는 것
신시, 이 모든 것을 할 수 없다면 몸으로 베푸는 것
좌시, 그마저도 못하면 자리를 내주어서 양보하

는 것

찰시, 군이 묻지 않고 상대의 속을 헤아려서 도와

주는 것

부처님께서는 "이러한 것들을 꾸준히 행한다면 행복이 따를
것이다."라고 늙은이에게 이야기했다. 부처님께서 강조한 것
은 다른 것이 아니라 공덕을 쌓으라는 것이다. 그것이 곧 행복
으로 가는 길이다.

혼자서
기도하는 법

'혼자서 기도하는 법'은 곧 '혼자서 수행하는 법'과 같은 말이다. 다만 통상적으로 칭명염불 수행을 기도라고 하기 때문에 칭염(稱念)염불, 즉 혼자서 정근하는 법으로 이해하면 된다.

혼자서 기도할 때의 마음 자세

집에서 혼자 기도를 하려면 어떻게 해야 할까? 일 년 365일 매일 하루도 빼지 않고 열심히 예불하고 기도하는 것이 가장 좋다. 그러나 현실적으로 힘들다면 특별한 의미가 있는 날이나 기간을 정하여 열심히 기도를 하면 되고, 이는 실제로 많이 하는 방법이기도 하다. 예를 들어 매달 1일부터 3일간 기도한다든가(신중기도), 백중 기간 동안 기도한다든가(백중기도) 하는 식이다.

　이것만으로는 부족하다. 나 혼자 기도를 하면 해이해지기 쉽다. 그래서 절에서 매일 예불을 하는 스님들과 함께하기로 마음먹고, 절에 기도를 접수하고 함께 기도하기를 권한다. 기도에 동참하면 예불의 끝 무렵에 스님이 축원을 한다. 이러한 축원은 스님들이 예불한 공덕을 기도 동참자인 신도들에게 돌리겠다는 의미다. 그렇다고 해서 스님이 내 기도를 대신 해주는 것은 아니다. 내 자식이 시험에 붙어야 하는데 마음이 너무 불안할 때, '스님들이 불안한 내 마음을 좀 달래주세요'라고 생각하며 기도하는 것은 바람직하지 않다. 일주일 동안 기도를 하겠다고 하면, 스님들은 그 일주일 동안 열심히 예불하고 기도한 공덕을 신도에게 돌리는 것이고, 신도들은 스님과 함께 기도하며 불안한 마음을 스스로 다스리는 것이다. 스님이 나 대신 소원을 이뤄 달라고 요청하는 것이 아니다. 또한 부처님께 정성을 다해서 공양을 올릴 테니 대신 '내 자식 잘되게 해달라'고 부처님과 거래하는 것도 아니다. 내 마음을 다스리기 위한 수행으로 기도하는 것이다.

몸이 고장나면 병원에 가서 진찰을 받고 약을 타면 되는데 마음에 병이 나면 그렇게 할 수 없다. 이런저런 이유로 불안하고 마음을 다잡을 수 없을 때는 마음을 위해서 자가 치료를 해야 한다. 그것이 바로 기도이며 수행이다.

기도하는 순서

수행을 특별히 '기도'라고 이야기할 때는 수행의 공덕을 회향하는 의식이 포함된다. 따라서 수행에 일정한 형식이 부여되는 것은 당연한 이치이다. 물론 내가 하고 싶을 때 내가 하고 싶은 대로 수행해도 된다. 그렇게 해선 안 된다는 법은 없다. 그러나 기도는 다르다. 기도는 수행의 공덕을 회향하는 의식 절차가 포함되기 때문에 일정한 형식에 따라야 한다. 물론 혼자 하는 경우 번거로운 형식을 덜어내고 기도의 핵심, 기도의 정신만 살리면 될 것이다. 그러나 정해진 형식에 따라 반복적으로 기도하면 의미도 더 커지고, 기도하는 힘도 더 배가된다. 가장 기본적인 기도의 순서는 다음과 같다. (보다 짜여진 형식으로 하고 싶다면 법요집을 참고하기 바란다.)

『천수경』▶ 수행 ▶ 발원문(축원문) ▶『반야심경』

수행을 시작하는 마음가짐을 다지기 위하여 먼저 『천수경』을 독송한다. 그리고 나서 본인이 정한 수행을 한다. '수행'의 종류는 정근, 참선, 사경, 주력 등 다양하다. 그 후에는 수행한 공덕을 어떻게 회향하겠다고 발원하는 시간을 가진다. 마지막으로 부처님의 말씀을 마음에 새기는『반야심경』을 읽으며 기도를 마무리한다.

만약 정근수행을 한다면 최소 20분 이상 정근하는 것이 좋다. 수행을 하고 나면 반드시 그 수행의 공덕을 회향해야 한다. 내가 잘되기 위한 수행이란 애당초 존재하지 않는다. 발원하는 목적은 수행의 공덕을 회향하는 데에 있다. 발원문은 다양하지만 나옹 선사(1320~1376)의 행선축원(行禪祝願)이나 이산 혜연 선사(720~798)의 발원문이 대표적이다. 이 두 발원문이 700년이 지난 지금까지 존재한다는 것은 그만큼 수많은 수행자들의 심금을 울렸다는 말이며, 그 안에 엄청난 수행의 힘이 담겨 있다는 뜻이다.

내 마음과 주변 상황이 힘들어서 기도를 했다면, 행선축원이나 이산 혜연 선사 발원문을 한 후에 개인적인 발원을 따로 짧게 덧붙이면 된다. 이렇게 모든 발원을 끝낸 후『반야심경』

으로 마무리한다.

기도는 언제 하면 좋을까?

정해진 시간은 없지만 기왕이면 하루를 시작하는 아침에 하는 것이 좋다. 실제로 스님들은 하루 세 차례 예불 중 새벽예불을 가장 중요하게 생각한다. 아침에 눈을 뜬 순간부터 마음을 정갈하게 하고 수행하는 시간을 갖는 것이 불자로서 불자다운 삶을 실천하는 것이다. 하지만 '언제'보다 더 중요한 것은 꾸준히 같은 시간에 반복하는 것이다. '기도 별것 아니네'라고 생각할 수 있지만, 정작 집에 돌아가 다음 날 눈을 뜨면 기도하고자 하는 마음이 어디로 갔는지 사라지고 없는 경우가 비일비재하다. 그래서 '열심히 기도해야지!' 마음만 먹지 말고 기록하고 표시하는 노력이 아주 중요하다.

정근하는 법

엄밀히 따지고 보면 모든 수행은 비록 대중들과 한자리에서 한다 할지라도 결국 혼자만의 수행이 될 수밖에 없다. 수행(修行)은 곧 수심(修心)이기 때문이다. 정근은 소리를 내기 때문에 같이 하는 대중의 영향에 상대적으로 민감할 수밖에 없다. 그래서 동참하는 대중의 영향이 어떤 때는 득이 되기도 하고 어떤 때는 해가 되기도 한다. 그러나 정근 역시 결국은 혼자만의 수행인 것은 분명한 사실이다. 보통 정근할 때, 자기 정근 소리를

불교의 기도와 수행

귀로 주의 깊게 들어야 한다고 한다. 그러나 이건 처음 시작할 때의 경우이고 이 단계가 지나면 마음속으로 내는 소리를 들어야 한다. 그다음에는 정근을 하는 자신을 관찰해야 하고, 마지막으로 '염불하는 이것이 무엇인가' 하는 화두로 들어가야 한다. 이렇게 단계를 밟아 가면 수행은 자연스럽게 진일보하게 된다.

1단계, 주변에 마음을 뺏기지 않는다.

1단계의 목표는 다른 사람의 정근 소리에 마음을 뺏기지 않는 것이다. 자기와 운곡이 맞지 않아서 짜증이 나거나, 아니면 다들 정근하는데 혼자 정근하지 않고 절을 하는 사람 때문에 신경이 쓰인다거나, 누군가 법당 마루를 쿵쿵거리면서 걷는다거나, 법당에서 주변 사람들에게 다 들리도록 크게 이야기를 한다거나 하는 이유들로 마음속에서 거친 망상을 일으켜서는 안 된다. 그러자면 자기가 내는 정근 소리에 마음을 집중해야 한다. 아무래도 처음 기도하는 경우에, 같은 운곡을 계속 반복해서 하다 보면 자기도 모르게 쉽사리 망상이 일어나거나 다른 곳으로 주의를 뺏기기 쉽다. 그래서 기본적인 운곡은 유지하되 자주 사소한 변화들을 주어서 관심을 정근 소리에 계속 집중할 수 있도록 한다.

1단계는 처음 정근하면 생기기 마련인 여러 가지 거친 번뇌들을 효과적으로 차단하는 능력을 배양하는 작업이다.

2단계, 마음속 정근 소리에 집중한다.

2단계는 마음속으로 정근을 하는 것이다. 마음속으로 내는 정근 소리가 자연스럽게 입으로 나온다고 생각하고 정근을 한다. 이 단계에서는 자신의 정근 소리에 대한 좋고 싫어함이 없어져야 한다. 곡조가 좋지 않다거나, 소리가 작다거나, 강약 조절이 좀 어색하다거나, 리듬을 타지 못한다거나 하는 등 자기 정근 소리에 대해서 집착해서는 안 된다. 이 단계에서는 의도적으로 마음속으로 정근을 한다.

어느 정도 마음속 정근 소리에 집중이 된다 싶으면 가끔씩 이러이러하게 다음 구절을 살짝 바꾸겠다는 생각을 의도적으로 일으키고 그 생각을 관찰하고 또 실제로 그렇게 소리를 내는 일련의 과정을 놓치지 않고 관찰한다. 실제로는 아주 짧은 순간 다음 음절의 소리를 상상하는 것이 되며, 그 상상이 이어지는 결과까지 놓치지 않고 관찰하는 것이다. 여기까지는 본격적인 정근수행을 하기 위한 준비 단계이다.

3단계, 정근하는 자신을 관찰한다.

3단계는 정근을 하는 자신을 객관적으로 관찰하는 것이다. 정근을 하는 자신이란 다름 아닌 정근하는 중의 각 신체 기관이다. 목의 움직임, 호흡, 입 모양, 목탁 채를 움직이는 손의 동작, 목탁을 쥐고 있는 손의 감각이나 어깨의 통증, 서 있는 동안 허리와 다리 등의 감각 등 실로 많은 관찰 대상들이 있다. 집중이 제대로 되지 않으면 관찰 대상을 몇 가지 정하고 순서를 정하여 돌아가면서 관찰하는 것도 효과적이다.

　이런 관찰 대상들을 유심히 관찰하다 보면 어느 순간 자신의 각 신체 기관에 대하여 낯선 느낌이 들기도 한다. 특히나 본인이 정근을 하고 있는 중이기 때문에 마치 정근하는 자와 이것을 관찰하는 자가 별개인 듯한 묘한 느낌이 든다. 이런 느낌도 관찰의 대상이 된다. 3단계에서는 정근하는 자와 관찰하는 자 간의 일정한 거리를 두는 것이 관건이다. 이 단계가 어느 정도 몸에 익게 되면 밥 먹고, 걷고, 보고, 이야기하는 등의 모든 일상생활에서 자신을 관찰하는 것으로 확대하는 것이 바람직하다.

4단계, 염불하는 이것이 무엇인가?

4단계에서는 관찰하는 과정에서 생기는 낯선 느낌을 '정근하는 이것이 도대체 무엇인가?' 하는 의문으로 자연스럽게 발전시킨다. 이제는 마음이 의문으로 모아져서 이 의문이 어디에서 왔는지 느껴야 한다. 혹은 마음이 의문이 생기는 바로 그 자리로 모아져야 한다. 엄밀히 말하자면 관찰 대상과 관찰하는 주체의 구분이 허물어지는 것이요, 자신의 신체 기관과 감각 등을 포함한 일체의 외부 대상으로 향하는 관심을 오로지 마음으로 모으는 작업이다.

　망상은 이 모든 단계에서 항상 존재한다. 다만 망상의 정도나 종류가 약간씩 다를 뿐이다. 처음 단계에서 망상은 본인도 스스로 느끼는 거친 망상들, 예를 들면 짜증, 지루함, 공상 등이다. 그러나 수행이 깊어질수록 거친 망상들은 잘 일어나지 않는다. 대신 잊고 지내던 과거 한때의 장면 같은 것들이 마치 영화의 한 장면처럼 획 지나가는 식의 비교적 미세한 망상이 생긴다. 환청이 들리거나 환각 증상이 생기거나 하는 등도 어느 정도 집중이 되면 일어날 수 있는 현상이다. 이러한 현상에 마음을 쓰면 쓸수록, 수행과는 거리가 멀어지게 된다. 이런 현상을 탐닉하거나 두려워하는 것들이 다 이런 현상에 집착하는 것이다. 이런 현상은 평소 바깥으로만 치닫던 마음이 차분하게 가라앉아, 내면의 심리 상태를 주시하는 과정에서 생기는 부산물일 뿐이다. 그것이 무엇이 되었건 두려워하거나 집착할 필요가 없다.

옛 스님들이 말씀하시기를 '생각 일어나는 것을 두려워 말고, 알아차리지 못하는 것을 두려워하라'고 하였다. 망상에 대해서는 이런 마음가짐만 있다면 아무런 문제가 되지 않는다. 망상에 끌려다니다가도 다시 처음 하던 그 자리로 돌아오면 된다.

▲ 수덕사 대웅전

축원문,
제대로 알고 있나요?

흔히 축원은 예불할 때 스님이 대표로 하는 것으로 알려져 있다. 그러나 기도에 축원 혹은 발원은 반드시 들어가는 것이며, 앞서 언급했듯 혼자서 기도할 때에도 발원하는 시간이 꼭 필요하다. 조계종단에서 권장하는 표준 의식집에 실린 축원문에 기초해서 축원문의 내용을 살펴보자.

축원문은 크게 네 가지 파트로 나뉜다. 제일 처음으로 삼보에 귀의하면서 축원문을 시작한다. 두 번째로 발원자 각각의 주소 등 신상을 이야기하며 개인의 발원을 한다. 세 번째 파트는 인연 있는 영가님들의 극락왕생을 발원하고, 마지막으로 나 자신을 포함한 모든 중생이 성불하기를 바라는 큰 서원을 세운다. 서원이란 맹세하고 발원하는 것이다. 즉 나의 수행 공덕으로 모든 중생이 열반을 증득하길 바라는 큰 원을 세우고 그 원을 굳건히 할 것을 불보살님께 맹세하는 것이 서원이다. 축원문의 네 파트를 단계별로 살펴보자.

> "시방삼세 부처님과 팔만사천 큰 법보와 보살성
> 문 스님네께 지성귀의하옵나니 자비하신 원력으
> 로 굽어살펴 주옵소서."

불교 행사를 할 때 가장 먼저 삼귀의를 하고 제일 마지막으로 사홍서원을 한다. 축원문의 구성도 불·법·승 삼보에 귀의하는 삼귀의로 시작하여 원을 세우는 서원으로 마친다. 우리 불자들의 신행생활 역시 이와 같다. 수행은 항상 삼보에 귀의하는 마음으로 시작하여 사홍서원으로 마무리된다. 행사와 축원문의 구성은 이러한 수행의 기본 뼈대를 담고 있다.

> "사바세계 남섬부주 동양 대한민국 광주광역시 동구 증심사길 증심사 청정수월도량에서 지극한 마음으로 공양하고 발원하는 ○○○ 보체들이 이러한 기도 인연으로 가정은 화목하고 자손은 번창하며 복덕은 구족하고 참선자 의단독로 염불자 삼매현전 간경자 혜안통투 기도자 소원성취 병고자 속득쾌차 박복자 복덕구족 사업자 재수대통 직업자 수분성취 운전자 무사고운전 참회자 업장소멸 등 마음속에 원하는 바 모든 일들이 원만하게 이루어지이다."

불·법·승 삼보에 귀의한 다음, 발원자 개인의 축원을 한다. 먼저 발원자의 주소가 나오고, 발원자가 지금 어디에서 이 축원을 하고 있는가를 불보살님에게 고한다. 이때 발원 올리는 곳을 '청정수월도량'이라고 표현한다. 수월(水月)이란 물에 비친 달이다. 물에 비친 달은 진짜 달인가, 가짜 달인가? 그것은 그림자다. 허상이고 허깨비다. 발원을 올리는 이 도량은 청정한 도량임과 동시에 환(幻)이다.

이 말은 도량에 있는 부처님과 전각, 이 모든 것이 허깨비라는 의미이다. 신심이 넘치도록 장엄한 불보살님과 이 도량이 허깨비라니? 대웅전 부처님이 단순한 조각품이라고 단정하는 것도 그릇된 자세이지만 신심이 넘쳐서 불보살님과 도량에 집착해서도 안 된다. 부처님이 아무리 경건하고 신심나고 경외롭다 하더라도 그렇게 생각하는 순간 경외심과 신심은 집착이 된다. 무얼 하든 간에 내가 좋아하고 즐기는 것을 열심히 하다 보면 집착이 생기게 마련이다. 그 집착에 빠지지 말아야 한다. 부처님을 신앙생활의 기준으로 삼는 것까지는 좋지만 부처님에게 매달리지 말라는 것이다.

일반적인 사찰에서 사시불공의 구성은 『천수경』, 정근, 칠정례, 축원, 『반야심경』 순으로 이뤄진다. 사시불공의 순서를 잘 보면 가장 처음에 『천수경』을 통해 관세음보살님을 찬탄한다. 석가모니불이 주불이어도 관세음보살 정근을 하는 것은 한국불교의 오랜 전통 속에 관음신앙이 깊이 뿌리내려 있기 때문이다. 이후 정근으로 대표되는 수행을 하고, 불보살님께 예를 올리는 칠정례를 한 이후에 내가 원하는 바를 이야기하는 축원을 한다. 축원에 앞서 먼저 불보살님을 찬탄하고, 수행을 하고, 예를 갖춘 후에야 비로소 불보살님에게 청하는 것이다. 개인의 축원은 이러저러한 소원을 이루기 위해 수행한 공덕을 회향할 터이니, 불보살님께서는 부디 가피를 내려달라고 청하는 것이다. 공덕이 있어야 발원을 할 수 있다. 내 몸과 입과 마음으로 열심히 정근수행하고 불보살님을 지극한 마음으로 찬탄하는 모든 과정이 기도이며 공덕을 쌓는 일이다. 공덕을 쌓지 않고 발원만 하겠다는 것은 식당에서 무전취식하겠다는 심보와 같다. 축원장을 올리는 마음을 내는 것만으로도 훌륭하지만 단순히 축원장만 올리는 것보다 절에 나와서 함께 기도하고 수행한다면 그 공덕이 더욱 클 것은 말할 것도 없다.

> "모든 부처님들의 더할 나위 없는 은혜 갚사오며
> 세상마다 보살도를 실천하여 끝내는 부처님 같
> 은 일체지혜가 원만하게 이뤄지이다."

일체지혜를 이루기 위해서는 보살도를 실천해야 한다. 이번 생만이 아니라 세세생생 보살도를 실천하여 반드시 깨달음을 얻겠다고 하는 나의 서원, 즉 맹세와 소원을 마지막으로 불보살님 앞에 천명하는 것으로 축원문을 마친다.

이처럼 축원문은 삼귀의로 시작해서 사홍서원으로 마치는 수행과 구성이 동일하다. 아무리 내가 잘나도 부처님보다는 못하다. 중생계에서 아무리 잘나도 불보살님과 비교할 수는 없다. 그러니 수행하는 자라면 제일 먼저 삼보에 귀의하는 마음을 내야 한다. '내가 열심히 하면 된다'는 이상을 버리고 부처님 법대로 생각하고 승가의 계율에 따라서 살겠다는 마음으로 시작해야 한다. 그리고 내 수행의 공덕을 주변에 나누겠다는 마음으로 수행해야 한다. 마지막으로 모든 중생을 행복하게 하겠다는 의지를 불보살님 앞에서 맹세하는 것으로 항상 수행을 마무리해야 한다. 삼보에 귀의하고, 공덕을 쌓고, 불보살님께 서원하는 것. 이것이 수행이며, 이것이 불자들의 올바른 삶의 모습이다. 매일 듣는 축원문에 이 모든 내용이 들어 있다.

행선축원이
담고 있는 교훈

새벽예불에 하는 축원이 행선축원이다. 이 축원문은 700~800 년 전 고려 말의 스님인 나옹 화상이 지은 것으로, 전국의 사찰에서 하루도 빠짐없이 예경하고 있다.

나옹 화상은 불교가 쇠락하던 고려 말 선종의 기치를 다시 한번 드높이신 분이다. 고려 말은 정치적으로는 원나라의 속국이 되어 힘들던 시절이었고, 종교적으로는 보조국사의 정혜쌍수 운동으로 중흥한 불교가 다시 쇠퇴하던 때다. 이때 다시금 불교를 일으키고자 한 스님이 바로 나옹 스님이다.

예불에 참석해 본 불자라면 '지공·나옹·무학 삼대 화상'이라는 표현이 낯설지 않을 것이다. 인도 출신으로 중국에서 활약한 지공 스님은 당시 원나라의 으뜸가는 스님으로, 나옹 스님은 지공 스님의 제자 중 가장 탁월하였다.

스님은 원나라에서 10년간 수행정진하여 지공 스님에게 인가를 받은 후 고려로 귀국하여 법을 펼쳤다. 무학 스님(1327~1405)은 나옹 스님 문하의 제자로, 그 승풍(僧風)이 조선시대 사명대사까지 이어져 왔다. 임진왜란 이후부터는 풍암 영기 선사로 그 맥이 이어졌으며, 불교의 세력이 쇠약해진 조선 후기에 경허 스님(1846~1912)이 참선수행 가풍을 다시 세웠다. 이후 만공 스님, 해월 스님, 수월 스님 등 훌륭한 스님들이 경허 스님 휘하에서 배출되었으며, 효봉 스님, 성철 스님 등 현대의 큰스님들이 우리나라 선종의 가풍을 이었다. 이런 맥락에서 보면 나옹 스님이 우리나라 불교에 미친 영향은 아무리 강조해도 부족하지 않을 것이다.

축원은 스님들의 전유물이 아닌가요?

새벽에 하는 행선축원이나 사시축원을 스님들만 하는 것으로 생각한다. 그렇지 않다. 불자라면 누구든 원을 세울 때 축원을 하는 것이 당연하다. 다만 절에서 예불을 할 때는 사부대중을 대표하여 스님이 축원을 할 뿐이다. 누구든 하루를 시작하며 행선축원을 독송한다면 그것으로도 충분한 의미가 있다.

'나는 참선수행하는 수행자가 아닌데…', '나는 그냥 절에 다니는 불자인데 왜 나에게 행선축원을 하라고 할까?'

행선축원은 참선수행자가 올리는 축원이다. 그래서 행선 축원은 선방 다니는 스님이나 하는 것으로 생각하기 쉽지만 그렇지 않다. 출가자와 재가자가 다르다는 생각, 출가자는 할 수 있고 재가자에게는 금기시된다는 생각을 바로잡아야 한다.

'참선수행자가 올리는 축원'에 담긴 요지는 참선수행하는 수행자는 자기를 위한 수행을 해서는 안 된다는 것이다. 행선 축원에는 참선수행하는 사람이야말로 모든 중생들의 성불을 위해서 수행해야 한다는 질책이 담겨 있다. 다름 아닌 중생의 성불이 수행자가 좌선하고 참선하는 목적임을 매일매일 부처님 전에 다짐하고, 결코 잊어서는 아니 된다고 나옹 스님이 당부하신 것이다. 모든 중생들이 잘되게 해 달라는 큰 원을 세우는 것이기에 참선수행자든 일반 재가자든 불자라면 누구나 발원하는 것이 당연하다.

출가한 스님과 재가자인 자신은 다른 존재라고 여기는 불자들도 많다. 그러나 불자들이 절에 다니는 이유는 재가자와 출가자가 결코 다르지 않음을 알기 위해서다. 스님들은 조금 더 많은 시간과 정성을 들여서 수행하고, 재가불자는 현실 여건상 스님들보다 조금 덜 수행할 뿐이지 출가자와 재가자 모두는 일불제자(一佛弟子)이며, 부처님의 깨달음을 향해서 함께 수행정진하는 도반이다. 행선축원을 읽을 때에는 이 같은 사실을 명심해야 한다.

나는 참선을 해본 적도 없는데, 참선을 먼저 가르쳐 주고 축원을 하라고 해야지. 앞뒤가 안 맞네!

어떤 이는 이렇게 생각할지도 모른다. 그러나 지공 스님의 수제자였으며 뛰어난 참선수행자였던 나옹 스님이 염불선 역시도 상당히 강조했다는 사실을 알면 생각이 달라질 것이다. 염불선이란 간화선의 방법을 적용하여 염불을 열심히 하는 것이다. 예를 들어 '관세음보살' 명호를 열심히 외우면서 '염불하는 이것이 무엇인가?' 하는 화두를 들어 마음을 집중하고 가라앉혀 삼매에 드는 것이 염불선이다. 절에 와서 예불을 하고 관세음보살 정근을 하는 사람은 염불선수행자이다. 그런데 '나는 스님이 아니니까 수행자가 아니지'라며 스스로를 폄하해서는 안 된다. 이미 염불선을 하고 있는 우리들은 매일 아침 행선축원을 할 자격이 충분히 있다.

기복신앙이 우리 불교에서 많은 부분을 차지하고 있는 것은 분명한 사실이다. 아직도 많은 불자들이 기복신앙을 버리지 않고 있다. 수능을 잘 보게 해 달라고 기도하고, 공무원 시험 합격을 바라고, 사업이 잘되기를 기도한다. 물론 이를 부정하는 것은 아니다. 기실 불교는 그런 데에서부터 시작한다. 처음부터 '나는 부처가 되겠다'라고 결심하고 수행하는 사람이 몇이나 되겠는가? 처음에는 개인적인 바람, 그야말로 이기심으로 불교를 접하게 되나, 불교 공부를 하다 보면 개인적인 소원에서 그치는 것이 아니라 큰 원을 세워야 함을 알게 된다. 행선축원에는 이처럼 이기적인 마음에서 벗어나 중생을 위한 참 수행자가 되라는 뜻이 담겨 있다.

한편 최근 들어 힐링과 명상을 결합하는 것이 유행이기도 하다. 명상으로 마음을 편하게 하고, 한적한 산사에서 고요하게 마음을 비워내는 것이 불교라고 생각하는 흐름이 분명히 있다. 불교는 삶을 조금 더 안정되고 편안하게 해 주는, 일종의 보조제라고 여기는 경향이다. 그러나 불교의 목적은 석가모니 부처님의 삶을 본받아 모든 중생들을 깨치게 하겠다는 것이지, 단순하게 지금의 근심 걱정을 덜어내는 것에 있지 않다. 우리 삶을 근본적으로 바꾸기 위해서, 우리 삶을 지배하는 번뇌를 완전히 뿌리 뽑기 위해서 불교와 부처님의 가르침, 그리고 수행이 존재한다. 단순히 힐링하고 가볍게 명상하는 것이 불교의

불교의 기도와 수행

전부라고 오해해서는 안 된다.

어떻게 감히 나를 문수보살님이나
관세음보살님, 석가모니 부처님과 비교할 수 있나?

행선축원문을 들여다보면 다른 누구도 아닌 바로 내가 우리 본사 석가모니 부처님처럼 용맹한 뜻을 세우고, 비로자나 부처님처럼 큰 깨달음을 이루고, 문수보살님처럼 큰 지혜를 가지고, 보현보살님처럼 행원을 크게 가지고, 지장보살님처럼 대원력을 세우고, 관세음보살님처럼 중생들이 원하는 모습으로 나투겠다고 서원한다. 내가 모든 중생을 제도하겠다는 다짐이다. 나옹 스님은 나 자신이 바로 부처님이고 보살이라는 마음으로 참선수행과 염불수행을 해야만 깨달음을 얻을 수 있다고 말한다. 자신이 미혹한 존재일지라도, 그리고 지금 나의 수행이 보잘것없을지라도, 이 수행이 모든 존재들에게 도움이 되었으면 하는 마음, 그렇게 하겠다는 다짐이야말로 행선축원을 하는 진정한 의미이며, 그렇게 실천해야만 우리는 진정으로 번뇌를 완전히 종식시키는 부처님 가르침의 길로 갈 수 있다.

비록 불교에 입문할 때는 '우리 자식 수능 시험 붙게 해달라'는 개인적인 소원으로 시작했을지 몰라도 진정 불교를 알고자 한다면 '문수보살님 같은 큰 지혜와 관세음보살님과 같은 큰 자비심을 가져서 모든 중생을 제도하겠다'는 원을 세워야 한다. 처음 시작할 때의 모습만이 전부가 아니다. 올바른 불자의 길이 무엇인지를 늘 염두에 둬야 한다. 종이에 글씨를 쓰는 것은 쉽지만 돌에 글씨를 새기는 것은 힘든 일이다. 그러나 돌에 새긴 글씨는 오래간다. 마찬가지로 큰 원을 세워서 크게 깨치겠다는 다짐은 결코 쉬운 일이 아니지만, 그 길로 들어서면 다가오는 어느 생엔가 반드시 올바른 길을 갈 수 있고, 부처님이 증득한 깨달음을 얻을 수 있다. 이것이 우리 불자들이 지향해야 할 목표이다.

나는 부처님과 다르다는 생각을 버려야 한다. 부처님과 중생이 달리 있다는 생각을 제일 먼저 내 마음속에서부터 없애야 올바른 불도를 걸을 수 있다. 부처가 따로 있고, 중생이 따로 있는 것이 아니다. 깨치면 부처고, 미혹하면 중생이다. 차별은 우리 스스로 만들고 있다. '한 번뿐인 인생, 나는 보고 싶은 거 보고, 먹고 싶은 거 먹고, 즐길 거 즐기고, 괴로운 건 피하면서 그렇게 즐거운 중생으로 살겠다'고 생각하는 것이 바로 중생과 부처를 나누는 한 생각이다. 참 수행자가 되어야만 약간, 잠깐 행복한 것이 아니라 궁극적이고 완전한 행복을 누릴 수 있다.

우리 삶을 근본적으로
바꾸기 위해서,
우리 삶을 지배하는
번뇌를 완전히 뿌리 뽑기 위해서
불교와 부처님의 가르침,
그리고 수행이 존재한다.

5장

이런 기도

저런 기도

관음신앙:
관세음보살님과
관음재일의 의미

관세음보살님과 관련하여 몇 가지 궁금한 것들을 살펴보자. 첫 번째, 엄밀하게 따지면 관세음보살님 정근은 관음전이나 원통전에서 관음청을 할 때 해야 한다. 그런데 대개 사시불공 때 석가모니 부처님을 모신 대웅전에서 관음정근을 한다. 왜 그럴까?

두 번째, 아미타불을 좌우에서 보좌하는 협시보살은 관세음보살님과 대세지보살님이다. 아미타 부처님은 서방정토 극락세계에 계시는 분이고 관세음보살님과 대세지보살님은 우리가 살고 있는 이곳 사바세계에 계시면서 사바세계의 중생들을 살피는 분들이다. 그런데 왜 관세음보살님과 대세지보살님이 서방정토의 아미타 부처님을 보좌하는 것일까?

세 번째, 관세음보살님만큼 이름이 많은 보살님도 없다. 이름만 많은 것이 아니라 생긴 모양도 다양하다. 손이 천 개인

▲ 국보 군위삼존석굴. 아미타여래의 좌우로 대세지보살과 관음보살이 서 있다.

경우, 얼굴이 열한 개인 경우, 하얀 옷에 버드나무 가지를 들고 있는 경우, 호리병을 들고 있는 경우도 있다. 복식과 머리에 쓰는 보관(寶冠)도 다양하다. 왜 그럴까?

왜 석가모니 부처님을 모신 대웅전에서
관음정근을 할까?

이제 차근차근 의문을 풀어가 보도록 하자. 첫 번째 의문을 해소하는 키워드는 『반야심경』에서 발견할 수 있다. "관자재보살이 깊은 반야바라밀다를 행할 때 오온이 공한 것을 비추어 보고 온갖 고통에서 건너느니라"라는 첫 구절 뒤에 "사리자여!"라며 뒤의 내용이 이어진다. 『반야심경』은 고통에서 건너간 관세음보살님이 사리불 존자에게 법을 설하는 형식을 취하고 있다.

잘 알고 있다시피 『반야심경』은 관자재보살이 일체의 고통을 건너갔다는 내용으로 시작하고 있다. 관세음보살님이 깨달은 후에 윤회의 수레바퀴에 얽매이지 않는 세계에 가서 보니 번뇌로 고통받고 있는 사바세계 중생들의 모습이 너무나 안타까운 것이다. 하여 다시 사바세계로 돌아와 중생들에게 법을 설하는 것이다.

지장보살님은 지옥세계의 중생을 구제하리라는 원력을 세운 분이고, 관세음보살님은 우리와 같은 사바세계 중생들의 고통과 괴로움을 살피고 들어주는 분이다. 아주 쉽게 비유하자면 이웃 종교의 신과 같은 존재다.

실제 대승불교의 『법화경(法華經)』에서는 믿음의 절대성을 강조한다. 불교의 창시자인 고타마 싯다르타는 신의 존재를 인정하지 않았다. 스스로 깨달아 스스로 부처가 되겠다는 것이 불교의 핵심이다. 그러나 대승불교가 태동하던 서기 2세기경의 인도 사람들은 매우 깊은 종교적인 마인드를 가지고 있었다. 이러한 당시 인도 사회상을 반영하여 불교는 종교의 외피를 입게 되었다. 이것이 대승불교가 등장하게 된 배경이다.

불교는 기존 인도 사회의 종교적인 사고방식을 배척하지 않고 부처님의 관점에서 재해석하여 흡수했다. '신' 역시 불교의 관점에서 재해석했다. 이미 인도 사회에 존재하던 신을 불교적으로 재해석한 결과, 탄생한 분이 관세음보살님이다. 관세음보살님은 수행을 통해 모든 번뇌를 종식하고 윤회의 사슬을 완전히 끊어서 저 언덕으로 넘어갔다. 그러나 뒤돌아 괴로운 중생들의 삶을 보니 너무도 가슴이 아파 사바세계로 다시 돌아온 것이다. 그리고 중생의 모든 고통에 귀 기울여 자비심으로 중생들을 어루만지신다. 관세음보살님은 모든 중생들이 깨달음을 얻어 번뇌에서 완전히 벗어나야만 나의 깨달음도 완성된다는 원력을 세운 것이다.

중생들은 괴로움을 털어내기 위해서 무언가를 한다. 무언가 한다는 것을 불교적으로 이야기하면 업을 짓는 것이다. 업에는 과보가 따른다. 고통의 본질을 모르면 본의 아니게 악업을 행하게 된다. 기분이 좋으면 계속 기분이 좋기를 바라고, 마음이 슬프면 기쁨을 바란다. 이렇게 지은 어리석은 업에는 과보가 따른다. 인과응보다.

중생의 내면을 들여다보면, 항상 변화하는데 변화하지 않는 것에 집착하고, 모든 존재에는 나라고 할 만한 것이 없는데 내가 있다고 생각하여 스스로를 힘들게 한다. 외적으로는 나의 악업으로 인한 업보가 나를 괴롭힌다. 이런 고통의 악순환에서 벗어나기 위해서는 선업을 쌓아야 한다. 선업을 쌓으면 선한 과보가 따르고, 선한 과보는 업보를 덜어준다. 따라서 선업을 쌓는 것은 수행의 선순환을 이루는 것이다.

그런데 관세음보살님은 공성을 깨달았는데도 계속 괴롭다. 자신은 윤회의 사슬에서 완전히 벗어났는데 중생들은 그렇지 못했기 때문이다. 관세음보살님은 자비(慈悲)의 화신이다. 자비의 '비(悲)'는 중생들의 고통에 가슴 아파하고 슬퍼하는 마음이다. '자(慈)'는 모든 것은 무상하다는 진리를 깨달아 너와 나의 구별이 없다는 것을 알고 모든 것에 공감하는 마음, 즉 자애로운 마음이다.

관세음보살님은 우리와 함께 사바세계에 있으면서 우리를 보살핀다. 관세음보살님은 벌을 주고 칭찬하는 분이 아니다. 중생들이 원하는 마음에 따라 나투어 그들의 마음을 채워주고 올바른 길을 갈 수 있도록 인도하는 것이 관세음보살님이 우리를 다스리는 방식이다.

이처럼 중생들은 기대고 의지할 존재를 먼저 찾기 때문에 자연스럽게 관세음보살님을 찾는다. 사바세계의 중생들을 보살피는 분이 바로 관세음보살님이다. 이러한 관세음보살님을 믿고 의지한다는 의미에서 사시예불에서도 관음정근을 한다고 이해할 수 있다.

한편 중생계에서는 내 의지와 무관하게 괴로운 일이 많다. 불이 나거나, 가뭄이나 태풍 같은 자연의 작용으로 인간을 극한 상황으로 내모는 자연재해가 그렇다. 사회적인 재난도 있다. 나는 죄가 없는데 억울하게 감옥에 들어가거나, 누군가에게 이유 없이 폭행을 당하거나, 사기를 당하는 등 살다 보면 절망적인 상황을 맞이할 때가 있다. 또는 개인적인 어려움도 있다. 좋아하는 사람이 생겨서 아무 일도 손에 잡히지 않거나, 혹은 분노가 치솟아서 눈에 보이는 것이 없거나, 또는 아이를 너무나 원하는데 아이가 생기지 않는 등 내 스스로 어찌할 수 없는 상황이 발생하곤 한다. 이런 상황에서도 부처님처럼 고요하게 수행하여 공성(空性)을 찾아갈 수 있을까?

이런 극복하기 힘든 상황에서 중생들은 관세음보살님을 찾는다. 『법화경』에서는 관세음보살님을 일념으로 생각하고 그 명호를 부르면 관세음보살님이 화답하여 중생들을 괴로움에서 건져줄 것이라고 말한다. 아미타 부처님도 마찬가지다. 임종의 순간과 같은 극한의 상황에서 아미타 부처님을 간절히 생각하고 그 명호를 부르라고 한다. 핵심은 극한의 절망적인 상황에서 불보살님을 마음속으로 간절하게 생각하고 명호를 부르면 괴로움에서 벗어날 수 있다는 것이다.

　이처럼 극한의 상황에서 관세음보살님의 위신력에 의지하기 위해서는 평소 관세음보살님에 대한 믿음을 가지고 있어야 한다. 믿음에서 힘이 나온다. 일례로 화를 다스리는 것을 생각해 보자. 우선 분노는 윤리적인 범주가 아닌 내 안의 감정이라는 것을 알아야 한다. 그러고 나서 감정은 감정으로 다스려야 함을 명심해야 한다. 분노는 자비심으로 다스린다. 그러나 마음처럼 쉽지 않다. 이럴 때 관세음보살님이 필요하다. 관세음보살님을 믿고 의지하는 마음, 즉 관세음보살님께 귀의하는 마음을 일으켜서, 나도 관세음보살님처럼 미워하고 증오하는 사람에게 자비심을 내는 것이다. 그런데 평소에 관세음보살님을 믿고 있지 않으면 머리로는 알아도 마음으로는 화를 다스리지 못한다. 머리로는 수행을 하는데 몸으로는 수행하지 못한다면 그것은 수행이 아니다.

　억지로 자비심을 끌어내어 미워하는 사람에게 자비심을 보이는 것이 바로 수행인데, 그런 수행을 하기 위해서는 관세음보살님에 대한 믿음이 있어야 한다. 그래야만 자비심을 내서 번뇌를 풀어낼 수 있다. 이처럼 극복하기 힘든 상황에서 중생들이 가장 먼저 손을 뻗어 찾는 분이 관세음보살님이므로 사시불공에서 관음정근을 하는 것이다.

왜 관세음보살님이
아미타 부처님의 협시보살일까?

어떤 이가 이렇게 이야기한다고 가정해 보자. "서쪽으로 9만 8천 리를 가면 아미타 부처님이 계신 서방정토가 있는데 거기에 가기만 하면 바로 깨달을 수 있다." 이 말을 곧이곧대로 믿을 수 있을까? 설령 누군가 다녀온 경험담이라 하더라도 쉽게 믿기 힘들다. 말도 안 된다고 코웃음을 칠 일이다.

그런데 서방정토의 제2인자가 관세음보살님이라고 한다면 어떨까? '내가 믿고 의지하는 관세음보살님이 서방정토에 계신다면 분명 그 말도 믿을 만해'라는 믿음이 생길 것이다. 이것이 관세음보살님이 아미타 부처님의 협시불인 첫 번째 이유다.

둘째, 아미타 부처님은 사바세계에 있지 않고 서방정토에 계신다. 아무리 불러도 사바세계로 와 중생을 도와줄 수 없다. 그런데 관세음보살님께서 아미타 부처님을 보좌하고 계시기 때문에, 서방정토에 계신 아미타 부처님의 가피를 관세음보살님이 사바세계에서 실현해 주는 역할을 한다고 볼 수 있다. 그만큼 우리 중생들이 관세음보살님에게 신적인 지위를 크게 부여했음을 알 수 있다.

왜 관세음보살님은
유독 다양한 모습으로 화현할까?

세 번째 의문은 관세음보살님의 다양한 화현(化現)에 관한 것이다. 대표적으로 천수천안관세음보살님이 널리 알려져 있다. 이는 당대 힌두교의 신을 불교식으로 수용한 결과다. 중국으로 넘어오면 백의관음(白衣觀音)이 출현한다. 만약 불교가 중세 시대에 유럽으로 넘어갔다면 예수의 형상을 한 관세음보살님도 분명히 등장했을 것이다.

이처럼 불교는 종교의 외피를 입으면서 자연스럽게 이웃 종교와 토착 문화를 흡수하였다. 그 최전선에 관세음보살님이 있다. 관세음보살님의 다양한 화현은 불교가 기존의 종교와 토착 문화를 받아들이면서 나타난 현상이다. 관세음보살님은 자비심이 가득한 분이라 중생이 원하는 모습으로 중생에게 나타나시기 때문이다.

재일

사찰에서는 관음재일, 지장재일, 열반재일, 출가재일 등 재일(齋日)이라는 말을 자주 쓴다. 과연 재일이란 무엇이고 어떤 뜻을 가지고 있는지를 제대로 알고 있는지 점검해 보자.

재일은 '재의식을 치르는 날'이다. 우리가 일상에서 재를 치른다고 하면 가장 먼저 떠오르는 것이 '제사'다. 그렇다면 관음재일은 관세음보살님을 위해서 제사를 지내는 날일까? 뭔가 이상하다. 절집에서 재라고 하면 주로 천도재를 의미한다. 그렇다면 이날이 관세음보살님을 천도하는 날이란 뜻일까? 이것도 말이 안 되기는 마찬가지다.

절에서는 재(齋)라는 글자가 들어가는 말이 많다. 천도재, 영산대재, 수륙대재, 팔관대재 등의 말을 한 번쯤 들어봤을 것이다. 이런 것들이 모두 천도의식이냐 하면 그것은 아니다. 원래 재는 사찰에서 부처님께 공양을 올리면서 치르는 의식을 통칭하는 말이다. 불공도 재에 포함되고, 영가 천도를 하는 천도재도 이 중 하나다. 그런데 후대로 내려오면서 주로 영가 천도를 할 때 쓰는 '제사'라는 좁은 의미로 사용하다 보니 넓은 의미의 재가 다소 퇴색된 측면이 있다.

재의 원 뜻을 살려서 다시 생각해 보자. 관음재일이란 관세음보살님에게 공양을 올리면서 의식을 치르는 날이다. 열반재일은 부처님이 열반하신 날을 기리기 위해서 의식을 치르는 날이다. 지장재일은 지장보살님께 공양을 올리면서 의식을 치르는 날로 특별히 영가천도재를 같이 지낸다.

이런 식으로 재일이라는 것은 특별히 의미가 있거나 기념할 만한 날 불보살님께 의식을 치르는 것을 뜻한다. 재일의 원 뜻을 알고 나면 불교 의식을 더욱 명확하게 알 수 있다.

관음

관음(觀音)은 관세음보살님을 의미한다. 왜 관세음보살님일

관음재일이란
관세음보살님에게 공양을
올리면서 의식을
치르는 날이다.

까? 보살이란 깨달을 각(覺)에 중생 생(生), 즉 깨달은 중생을 뜻한다. 보살의 원음인 보디사트바(Bodhisattva) 역시 말 그대로 번역하면 깨달은 중생이라는 뜻이다. 그런데 깨닫고 보니 깨닫지 못한 중생들이 너무나 많다. 어찌 이 가련한 중생들을 두고 사바세계를 홀로 떠나겠는가. 영원한 윤회의 굴레를 어찌 나 혼자만 벗어나겠는가. 중생들이 모두 깨달음을 얻어서 해탈할 때까지 중생들과 함께하겠다는 마음을 가지고 있는 존재가 보살이다. 관세음보살님은 볼 관(觀), 세상 세(世), 소리 음(音)을 써서 세상의 소리를 관하는 보살이라는 뜻을 가지고 있다. 그래서 우리는 흔히 관세음보살님은 사바세계 중생들이 내는 고통의 소리를 듣고 계시다가 그의 근기에 맞도록 제도해 주시는 분이라고 해석한다. 그런데 이 말대로 관세음보살님이 중생들이 소망하는 소리와 고통의 소리를 모두 '듣는' 분이라면 볼 관(觀)이 아니라 들을 청(聽)이나 들을 문(聞)을 써야 하는 것이 아닌가? 우리가 상식적으로 알고 있는 관세음보살님의 역할을 생각한다면 '청세음보살'이나 '문세음보살'이라고 표현하는 것이 맞지 않을까?

여기에서 '관'이란 관법수행(觀法修行)이다. 부처님께서 이 수행법으로 깨달음을 얻었다고 하는 위빠사나 수행법을 말한다. 즉 관세음보살님은 중생들의 모든 고통을 가만히 앉아서 듣고 있는 것이 아니라 세상의 소리를 관하는 수행을 하고 있는 중이다. 우리가 관법수행을 할 때는 여러 가지를 대상으로 한다. 눈으로 보는 것을 관찰하고, 귀로 듣는 것을 관찰하고, 피부로 느끼는 것을 집중해서 관찰하는 것이 관법수행이다. 예를 들어 내가 지금 걷고 있다고 하면 이것은 수행일까? 아니다. 그냥 걷는 것이다. 걷는 것이 수행이 되기 위해서는 그 행위 하나하나를 관찰해야 한다. 발걸음을 하나하나 관해야 한다. 그러면 걷는 것도 수행이 된다. 버스를 타고 가는데 앞자리에 앉은 사람들이 시끄럽게 떠들고 있다고 하자. 이때 앞에서 나는 소리를 들어서 짜증이 난다면 그것은 수행이 아니다. 반면 소리를 듣는 내 마음을 관찰한다면 그것은 수행이 된다.

관세음보살님은 지금 현재 세상의 모든 소리를 대상으로 관법수행을 하고 있다. 세음이라 함은 중생들이 내는 소리이다. 중생에는 나도 포함되어 있고 남도 포함되어 있다. 관세음보살님은 이미 깨달음을 얻은 보살님이기 때문에 나와 남의 경계 없이 중생의 모든 소리를 관하고 있는 것이다.

『반야심경』의 첫 대목은 이렇다. "관자재보살이 깊은 반야바라밀다를 행할 때 오온이 공한 것을 비추어 보고 일체의 고통에서 건너느니라." 관자재보살은 관세음보살님의 다른 이름이다. 어스름할 때 불을 환하게 비춰 보면 잘 보이지 않는 것들이 선명하게 보이는 것처럼, 비추어 보면 선명하고 또렷하게 보아 대상을 정확하게 알 수 있다. 관세음보살님은 오온이 공한 것을 그냥 보는 것이 아니라 환하게 비추어 본다.

관세음보살님은 어디에 계신가?

관세음보살님은 어디에서 수행하고 있을까? 관세음보살님이 나를 포함한 모든 중생들의 소리를 관하는 수행을 하고 있다면 어디에서 하고 있을까? 고민할 것 없다. 관음전이다. 전국 사찰에 관음전이 얼마나 많으며 관음사라는 절은 또 얼마나 많은가? 그러나 관세음보살님이 소원을 들어주는 분이 아니고 수행을 하는 분이라고 생각한다면, 그 수행의 힘으로 우리 중생들의 소원을 들어주는 분이라고 생각한다면 관세음보살님은 어디에서 수행하고 계실까?

믿음의 대상인 관세음보살님은 어떤 형태를 가지고 어떤 모습으로 계시는가를 분명하게 알아야 한다. 고려 시대 나옹 스님은 아미타수행법을 묻는 여동생에게 이런 게송을 지어 답했다.

아미타불재하방(阿彌陀佛在何方)

아미타 부처님은 어디에 계시는가?

착득심두절막망(着得心頭切莫忘)

마음 머리를 단단히 붙들고 잊지 말고

염도염궁무념처(念到念窮無念處)

생각 생각이 이어지다 보면

결국 생각이 없는 곳에 이르나니

육문상방자금광(六門常放紫金光)

자색 금빛을 내는 상서로운 빛이
육문에서 나오리라.

나옹 스님은 이 게송을 통해 여동생에게 아미타 정근을 하면서
삼매에 드는 방법을 알려줬다. 아미타 부처님이 어디에 계시는
가 하는 생각을 잊지 말고 마음 머리에 붙들어 매야 한다고 말
이다. 그렇지 않다면 '부처님이 어디에 계신가요?'라는 질문을
입으로는 하고 있지만 마음속으로는 다른 생각을 하고 있는 것
이 된다.

마음 머리에 둔다는 말은 염두(念頭)에 둔다는 것, 즉 화두
로 삼는다는 것과 같다. 내가 무슨 생각을 하든 무슨 말을 하든
그것을 내뱉기 위해서는 반드시 머리를 거쳐야 한다. 그런데
바로 그 머리맡에 무언가를 가져다 놓으면 말이든 생각이든 항
상 마음(생각)의 머리를 거쳐서 나오게 된다. 이렇게 염불을 하
다 보면 이윽고 생각이 없는 곳, 즉 무념처에 이른다.

마음자리를 떠나지 않는다는 것은 예를 들자면 이렇다. 어
느 날 철석같이 믿고 있던 자식이 잘 다니던 회사를 때려치우
고 아무 말도 없이 집을 나갔다고 하자. 부모 입장에서는 무슨
생각이 들까? '도대체 왜 그랬을까?', '왜 잘 나가는 회사를 때
려치우고 사라졌을까?' 계속 이 생각을 하다 보면 다른 생각이
머릿속에 들어오지 않는다. 밥 생각도 안 나고, 잠도 안 오고 하
루종일 '왜 그랬을까?', '얘가 왜 그랬을까?'라는 생각이 머리를

떠나지 않는다. 즉 자식 생각이 머리에 찰싹 붙어 떨어지지 않는 것이다.

이런 식으로 아미타 부처님이 어디에 계시나, 관세음보살님이 어디에 계시나를 생각하다 보면 다른 생각들은 다 없어져 버린다. 이것을 두고 나옹 스님은 '생각 생각이 이어지다 보면 생각이 없는 곳에 이른다'고 한 것이다. 그럴 때 비로소 내가 바로 부처라는 것을 깨닫게 된다. 이것을 알고 있다면 관세음보살님이 어디에 계시고 아미타 부처님이 어디에 계시냐고 할 때 답은 이미 나와 있다. 내가 아미타 부처님이고, 관세음보살님이다.

나옹 스님은 게송에서 말씀하시기를 "자색 금빛을 내는 상서로운 빛이 육문에서 나오리라" 하였다. 자색 금빛을 내는 존재는 다름 아닌 부처님이며, 육문은 여섯 개의 문, 즉 눈·귀·코·혀·몸·생각이다. 그러니까 내 안에서 부처의 광명이 여섯 개의 문을 통과해 밖으로 뻗어 나온다는 말이다. 즉 나 자신이 바로 부처라는 의미이다.

수학에서 증명 문제를 풀 때는 정답이 아니라 풀이 과정이 중요하다. 마찬가지로 관세음보살님이 어디에 있는지 모르는 것이 아니라 내가 곧 관세음보살님이라는 것을 뼈저리게 깨닫지 못하기에 계속 중생으로 있는 것이다. 관세음보살님이 어디에 계신가? 내가 관세음보살님이라고 하는데, 왜 내가 관세음보살님인가? 이런 의문을 머릿속에 품고 관세음보살님 정근을 하다 보면 어느 순간 아무 생각이 없는 경지에 이르고 비로소 깨치게 된다.

많은 사람들이 처음 불교에 입문할 때 소원 성취를 바라면서 기도를 하고 공양을 올린다. 또 우리가 상식적으로 알고 있는 관세음보살님은 중생들의 소원을 들어주는 분이기에 시험 합격이라든가 사업 성공이라든가 건강 등의 소원을 빌기도 한다. 비록 이런 마음으로 시작했을지라도 관세음보살이라는 이름이 담고 있는 의미를 잘 알고, '어째서 내가 관세음보살님일까?' 하는 생각을 놓지 않고 이어가다 보면 반드시 깨달음이 올 것이다. 그런 마음을 가지고 한 달에 한 번 오는 관음재일에 열심히 관세음보살 정근을 하기를 바란다.

믿음에서 힘이 나온다.

▶ 우리나라 대표 관음성지 중 하나인 양양 낙산사의 해수관음보살상

정토신앙: 극락왕생과 나무아미타불

제사나 천도재를 지낼 때 극락왕생(極樂往生)이라는 말을 흔히 쓴다. 극락왕생은 말 그대로 극락에 가서 태어나라는 뜻인데, 극락에 태어나려면 먼저 극락이라는 것이 존재해야 한다. 그러니 극락이란 어떤 곳인지, 극락이 실제로 있는지, 극락이 있다면 누가 극락에 가는지, 또 어떻게 하면 극락에 갈 수 있는지 등을 생각해 보자.

극락(極樂)은 극락정토(極樂淨土)의 준말이다. 뜻을 풀이하자면 지극히 즐겁고 깨끗한 세상을 말한다. 우리는 흔히 극락을 금은보화가 넘쳐나고 젖과 꿀이 흐르는 곳, 근심 걱정이 전혀 없고 항상 행복한 곳이라고 알고 있다. 그러나 경전에서 묘사하는 극락은 그런 곳이 아니다. 극락은 깨달음을 얻기 아주 수월한 곳이다. 깨달음을 얻기에 용이한 조건이 잘 갖추어진 곳이 극락이다.

사바세계에서 깨달음을 얻기 힘든 이유는 아주 많다. 경제적인 문제, 기아, 전쟁, 질병, 천재지변 같은 것들 때문에 중생들은 항상 불안하고 두렵고 고통스럽다. 그래서 쉬이 깨달음을 얻지 못한다. 극락은 그런 깨달음을 방해하는 요소들이 다 사라진 세계다. 수행하기에 좋은 조건을 갖추고 있기에 조금만 수행을 하면 바로 깨달음을 얻을 수 있다.

극락정토 같은 깨끗한 세상이 있으면 반대로 더러운 세상도 있다. 우리가 살고 있는 이 세계를 사바세계라고 한다. 사바세계라는 말은 견디고 참는 세계라는 뜻이고, 다른 말로는 예토(穢土)라 부른다. 예토의 '예(穢)'는 더럽고 거칠다는 뜻이다. 즉 예토란 고통과 질병과 위협이 많아 수행에 장해가 많은 곳을 의미한다. 때문에 우리는 정토에 가려고 하는 것이다. 이 극락정토에 계시는 부처님이 아미타 부처님이다.

그렇다면 실제로 극락은 어디에 있을까? 극락은 실제로 존재하는가?

이런 질문을 던지는 데에는 이유가 있다. 극락이 확실하게 있다면 어떻게 해서든 극락에 가기 위해 노력할 텐데, 극락이 없다면 극락에 가기 위해 열심히 노력할 필요가 없다는 논리를 전개하기 위해서 사람들은 "극락이 존재하는가?"라는 질문을 던진다. 옛날 같으면 스님이나 어른들의 말씀을 신뢰하여 '극락이 있나 보다' 할 테지만 요즘은 그렇지 않다. 극락이 어디에 있는지 과학적이고 객관적으로 증명할 수 있어야 극락에 대한 믿음이 생긴다. 그러나 지금까지 그 누구도 극락의 존재에 대해 과학적으로 증명하지 못했다. 설령 극락이 지리적으로 존재한다고 치자. 극락에 가기 위해 쏟아야 할 물질적·정신적·인적 자원들을 생각한다면, 고통이 없는 극락 때문에 고통을 감수해야만 한다는 해괴한 논리가 성립한다. 천상의 낙원이라는 '엘도라도(El Dorado)'를 찾기 위해 목숨까지 걸었던 사람들, 엘도라도를 찾는 데 동원되었던 숱한 원주민들의 고통을 생각한다면, 이 지구상의 어딘가에 존재한다는 사실만으로 이미 극락으로서의 자격을 상실한 것이나 마찬가지이다. 그렇다면 불교의 연기사상에 입각해서 보면 어떨까? 이 세상의 모든 사물은 존재하는 것이 아니라 연기하는 것이다. 무언가 존재한다는 것은 우리의 뿌리 깊은 착각일 뿐이다. 이런 관점에서는 극락이 존재하는가를 따지는 것 자체가 잘못된 생각이다. 그러므로 극락이 지구상 어디에 위치하는지를 따지는 것은 무의미하다. 지리적으로 접근하려는 발상 자체가 중생심을 극복하지 못한 단적인 증거이다.

대승불교가 꽃피면서부터 극락이라는 개념이 불교 안에 있어 왔다면, 극락이 지리적으로 있느냐 없느냐를 따지기 전에 극락이 어떤 곳이기에 불교에서 이토록 극락을 강조하는지 정확히 아는 것이 더 중요하다.

앞서 극락은 아미타 부처님이 계시는 곳으로 누구나 극락에 가면 바로 깨달음을 성취할 수 있다고 이야기했다. 그런 곳이 극락이라면 왜 아미타 부처님이 극락정토에 계시는 것일까? 『무량수경(無量壽經)』에 보면 이런 내용이 나온다.

"중생들이 내 나라(극락정토)에 태어나고자 한다
면 열 번을 나를 찾되, 만일 그래도 서방정토에
태어나지 못한다면 나는 정각을 이루지 않겠다."

아미타 부처님은 중생들이 당신의 이름을 열 번만 생각하면 누구라도 서방정토에 와서 깨달음을 얻을 수 있게 하겠다는 원을

▲ 수락산 내원암 아미타불화(1831) 극락에서 설법하는 아미타불

세웠다. 이것을 아미타 부처님의 본원력(本願力)이라고 한다. 본원력이란 부처가 처음 발심할 때 세우는 가장 근본적인 원이다.

아미타 부처님은 나 혼자 깨달음을 얻는 것이 아니라, 나의 깨달음이 곧 중생들의 깨달음이기를 서원한다. 그만큼 큰 이타심과 자비심이 아미타 부처님의 원력에 녹아 있다. 아미타 부처님 입장에서는 자리(自利), 즉 스스로를 이롭게 하는 깨달음, 다시 말해 상구보리(上求菩提)가 곧 이타(利他), 남을 이롭게 하는 것이다. 그리고 모든 중생이 다 서방정토에 가서 깨달음을 얻도록 하는 것, 그것이 하화중생(下化衆生)으로 모든 중생을 제도하는 것이다. 아미타 부처님이 깨달음을 이루는 것은 곧 모든 중생들이 깨달음을 얻는 것과 같은 것이다.

우리가 극락왕생을 염원하는 것은 아미타 부처님이 세운 본원력의 진실한 힘을 믿는다는 의미다. 그 힘을 믿음으로써 아미타불 염불을 하면 아미타 부처님과 더불어 깨달음을 얻으리라 확신하는 것이다. 무엇을 믿는가? 서방정토가 어디에 있다는 것을 믿는 게 아니라 아미타 부처님의 본원력을 믿는 것이다.

이처럼 아미타 부처님의 입장에서 보면 자리이타의 정신으로 중생을 제도하겠다는 마음이 곧 극락인데, 중생들의 입장은 다르다. 먼저 『관무량수경(觀無量壽經)』이라는 경전에 나오는 이야기를 살펴보자.

부처님 당시, 마가다국의 빔비사라왕은 부처님께 귀의한 불자였다. 그가 왕위를 아들에게 물려주자마자, 아들은 아버지를 감옥에 보내고 아무것도 먹지 못하도록 했다. 이때 왕의 부인이 남편의 면회를 갈 때 몸에 꿀을 발라 가니 이로써 빔비사라왕이 목숨을 연명하였다. 이후 부인은 부처님에게 가서 한탄을 했다. "저는 이 세상이 너무 싫습니다. 아들이 남편을 굶겨 죽이려고 하는 이 세상을 떠나고만 싶습니다."

그렇다. 중생의 관점에서 보면 이 사바세계, 예토는 너무나 살기 힘들고 이런 곳에서는 깨달음을 얻기가 너무도 힘들기에 하루빨리 이곳을 떠나 극락정토에 나고 싶다. 중생들이 극락왕생을 간절하게 갈구하는 이유는 이것이다.

그러나 부처님 당시에도 깨달음을 얻고 아라한이 되기는 너무나 어려운 일이었다. 부처님 역시 깨달은 후에 당신이 깨달은 진리가 너무나 심오하고 어려워 중생들이 알아듣지 못할 것이니 사바세계를 떠나려고 했지 않은가. 부처님이 깨달은 진리가 이토록 심오하고 어려운데 아미타불을 열 번만 외우면 극락에 간다는 것은 얼핏 말이 되지 않는다. 그런데 왜 아미타불을 열 번만 찾으면 서방정토에 갈 수 있다는 이야기가 나왔을까?

극락왕생을 찾는 정토사상은 사실 임종, 죽음과 밀접한 연관이 있다. 죽음과 같이 극한 상황에 놓인 분들을 위해서 만들어진 교리가 바로 극락왕생 사상이다. 지금 당장 목숨이 오락

가락하는데 어느 세월에 화두를 들고, 또 위빠사나 수행을 하겠는가? 이런 극한 상황에 있는 경우에 아미타 부처님을 찾으면 바로 서방정토에 가서 깨달음을 얻을 수 있다고 이야기함으로써 어떤 순간에도 깨달음을 얻고자 하는 열의를 가지라는 뜻에서 나온 이야기다.

또 하나 우리가 잘못 알고 있는 것이 있다. 우리는 영가들의 극락왕생을 바라면서 제사를 지낸다. 물론 이것만으로도 아주 수승하고 자비심이 넘치는 생각이다. 그러나 경전에서 이야기하기를 제사를 지냈기 때문에 서방정토에 가는 것은 아니다. 아미타불 염불을 해야만 극락왕생을 할 수 있다. 아미타 부처님은 중생들이 자신의 이름을 열 번만 부르면 극락왕생을 하여 깨달을 수 있도록 하는 커다란 원을 세웠다. 즉 아미타 부처님의 본원력에는 자신의 명호를 열 번 불러야 한다는 조건이 있다. 다시 말해 염불수행을 해야 한다는 조건이다. 예토에서 수행이 힘들다면 아미타불 염불을 해야 한다. 염불을 하면 서방정토에 태어나서 바로 깨달음을 얻을 수 있다. 서방정토에는 어떻게 가는가? 염불을 열심히 해서 간다.

아미타불을 숭배하는 사상은 엄격히 따지면 불교 내에서 생겼다기보다 2,000년 전 대승불교가 처음 생겨날 당시 힌두교의 영향을 받아 탄생했다. 사람이 죽으면 내세가 있다는 영원불멸의 사상을 흡수한 결과 불교에 아미타불 사상이 등장한 것이다.

시작은 내세를 갈구하는 사상으로 시작했지만 이후에는 아미타 부처님의 본원력을 진실하게 믿는 마음으로 발전하였고, 결국 염불하면 깨달음을 얻을 수 있다는 사상으로 승화됐다.

일례로 정토사상에 이런 말이 있다. '염불이 염불을 한다.' 염불이 염불을 하는 경지는 어떤 경지인가? 지옥에 가기 싫다, 서방정토에 가고 싶다, 나는 중생인데 깨달음을 얻을 수 있을까? 나는 부처님이 될 수 있을까? 이런 생각들을 모두 버리고 오로지 일념으로 염불만 하는 경지까지 밀어붙이면 반드시 깨달음이 온다는 확신이다.

그렇다면 제사를 지내거나 천도재를 지낼 때 가져야 할 마음가짐은 어떤 것인가? 가만히 앉아서 듣기보다 함께 염불하며 스스로 수행하는 시간이어야 한다. 영가가 지금 어디에 어떤 몸으로 계시는지는 모르겠으나 제사를 지내는 이 시간 동안에 행하는 나의 수행력으로 인해서 깨달음을 얻으시라는 지극한 마음으로 정성스럽게 염불해야 한다. 이렇게 할 때 제사를 지내고 천도재를 지내는 공덕이 있는 것이다.

▲ 부석사 무량수전

미륵신앙:
요즘 절에서
미륵부처님을
잘 모시지
않는 이유

백제 시대 미륵신앙과 현재의 미륵신앙

어제 증심사 불교 문화 순례 '길 따라 절 따라'에서 익산 미륵사지와 왕궁리 유적을 보고 돌아오는 길에 완주 송광사도 들렀다. 이번 답사를 하면서 백제 시대 당시 익산·완주 지역의 미륵신앙이 아주 강했다는 것을 알 수 있었다.

백제를 비롯해 삼국 시대에는 미륵신앙이 아주 두드러졌다. 그러나 현대에 와서 요즘 사찰에는 미륵전이나 용화전, 대자보전 같은 미륵부처님 전각이 있는 경우가 아주 드물다. 관음전이나 지장전, 극락전, 심지어 산신각이 있는 절도 많은데, 미륵전이 있는 절은 별로 없다. 미륵신앙이 우리 불교 내에서 많이 약화되어 있다는 뜻이다.

이 이야기를 하기 위해서는 첫째, 미륵부처님이 누구인지를 알아야 한다. 둘째, 삼국 시대-고려 시대-조선 시대-현재에 이르기까지 미륵신앙이 어떻게 변해왔는지를 살펴봐야 한다. 어떤 변화의 과정 속에서 지금은 흔적조차 찾기 어려워졌는지 그 이유를 찾아보고자 한다. 셋째, 미륵신앙이 약해진 원인을 진단해보고 현재 우리의 신앙생활의 방향을 톺아보겠다.

미륵부처님은 어떤 분인가?

지금까지 여러 차례 법문을 하면서 불교 안의 다양한 불보살 신앙에 대해 이야기했다. 그런데 한 번도 미륵부처님에 대해서는 다뤄보지 않았다. 사실 큰 관심을 가지지 않았다. 심지어는

연기법은 변하지 않는 진리이므로
과거에도 있었고 미래에도
당연히 있을 것이다.

미륵부처님이라고 해야 하는지 미륵보살님이라고 해야 하는 지조차 헷갈린다. 사실 두 명칭 다 맞다.

미륵불은 산스크리트어로 '마이뜨레야(Maitreya)'라고 한다. 미륵신앙과 관련된 경전은 미륵삼부경이라 하여 세 가지가 있다. 『미륵상생경(彌勒上生經)』, 『미륵하생경(彌勒下生經)』, 『미륵성불경(彌勒成佛經)』이 그것이다. 이들 경전을 보면 미륵부처님이 어떤 분인지 나온다.

미륵부처님은 인도 바라나시에서 고귀한 바라문 집안의 자제로 태어났다. 그 어머니는 본디 까칠하고 사람을 함부로 대하는 성품이었는데, 미륵부처님을 임신하고 나자 온화하고 배려하는 성품으로 바뀌었다고 한다. 이윽고 아이가 태어났는데, 아이가 참 똑똑하고 훌륭한 성품을 지닌 것이다. 이 아이는 전륜성왕이 될 것이라는 소문이 파다했다.

전륜성왕이 될 아이,
석가모니불의 수기를 받은 보살

소문을 들은 이 나라의 왕은 자신의 자리가 위태로울 것을 염려하여 아이를 죽이고자 했다. 그 사실을 미리 안 아이의 아버지는 아이를 몰래 피신시켜 아주 멀리에 있는 학자에게 데려 갔다고 한다. 장성한 아이는 석가모니 부처님의 제자로 출가를 했고, 석가모니 부처님이 이 아이에게 수기를 내렸다.

"너는 56억 7천만 년 뒤에 부처가 될 것이다. 너의 이름은 미륵불이고… (중략)."

불교에는 삼세불(三世佛)이 있다. 현재불은 석가모니불이고 과거불은 연등불이고 미래불은 미륵불이다. 왜 과거·현재·미래불이 따로 있는가? 그 이유를 조금만 생각해 보면 알 수 있다. 부처님이 발견한 진리는 연기법이다. 연기법은 변하지 않는 진리이므로 과거에도 있었고 미래에도 당연히 있을 것이다. 이러한 연기법을 현재에 발견하고 깨달음을 얻은 분이 석가모니 부처님이라면 과거 시대에도 연기법을 발견하고 깨달은 부처님이 반드시 있을 것이다. 하여 연등불이라는 부처님을 상정했다. 미래불도 마찬가지이다. 연기법이라는 것은 영원불멸의 진리이므로 미래 시대의 그 누군가는 연기법을 발견하고 깨달음을 얻어서 중생들에게 깨달음을 전할 것이라고 상정하는 것이다. 실제로 미륵불이 존재하는 것이 아니라 '그럴 것이다'라고 상정한 것이다. 이런 맥락에서 초기불교에서도 미래불의 존재를 이야기했다.

한편 총명한 아이가 왕의 시기를 받아 피신을 갔다는 미륵불의 이야기를 가만히 보면 비슷한 구조의 이야기가 떠오른다. 기독교에도 이런 이야기가 있다. 베들레헴에서 한 아이가 태어났는데 동방 박사가 별을 보고 메시아가 탄생했다는 사실을 알게 되었다. 이들이 아이를 찾아다니자 왕이 자초지종을 물었다. 왕은 새로 태어난 메시아가 자기 나라와 본인을 해칠 것을 우려하여 2살 이하의 아이를 모두 죽이라는 명령을 내린다. 그러자 천사가 메시아의 아버지 요셉의 꿈에 나타나 급히 이집트로 피신하라고 전해, 화를 면했다는 이야기이다.

미륵상생,
부처님 오시기 전에 찾아가겠다

미륵신앙은 크게 둘로 나뉜다. 앞서 말한 미륵삼부경이 『미륵상생경』과 『미륵하생경』으로 나눠져 있는 것에는 이유가 있다. 미륵불은 미래불이다. 56억 7천만 년 뒤에 이 땅에 오셔서 중생들을 제도하는 부처님이다. 누군가 미륵불로부터 제도를 받아 깨달음을 얻으려면 56억 7천만 년을 기다려야 한다.

그런데 어느 세월에 그 긴 시간을 기다릴까? 그래서 사람들은 그 전에 미륵불이 계신 곳으로 가서 설법을 듣고 깨달으면 된다고 생각했다. 미륵부처님이 이 땅에 내려오시기 전에 미륵부처님이 계신 곳으로 찾아가겠다는 것이 『미륵상생경』의 내용이다.

석가모니 부처님이 사바세계에 오시기 전에 계셨던 곳이 도솔천의 내원궁이다. 그곳에서 천인들을 대상으로 법문을 하고 제도하면서 언제쯤 사바세계로 내려갈 것인가를 살펴보며 때가 되기를 기다리셨다. 미륵보살님도 마찬가지이다. 도솔천 내원궁에서 천인들을 제도하면서 용화세계에 내려올 날을 기다리고 있는 것이다.

성질이 급해서 그때까지 못 기다리겠다면 도솔천 내원궁

으로 가서 미륵보살님의 설법을 들으면 된다. 이것이 미륵상생 신앙이다. 살아생전에 지은 죄를 참회하고 선업을 많이 지어서 그 복덕으로 다음 생에 도솔천으로 가서 태어나면 되는 것이다. 이렇게 미륵상생신앙은 내가 이번 생에 열심히 수행하여 왕생 극락이 아니라 왕생도솔천 하여 미륵보살님의 법을 듣고 그곳 에서 깨닫겠다는 것이다. 이것이 미륵신앙의 한 축이다.

미륵보살님? 미륵부처님?

여기에서 분명히 해야 할 개념이 있다. 앞서 미륵보살님과 미 륵부처님 둘 다 통용할 수 있다고 했다. 도솔천에 계시면서 천인들을 제도하고 계실 때는 아직 완전한 열반을 증득한 것 이 아니므로 미륵보살이다. 56억 7천만 년 뒤에 용화세계에 내려오셔서 그 세계에서 완전한 열반을 증득하면 미륵부처님 이 된다.

미륵보살님을 표현한 불상 중에 우리나라 사람이면 누구 나 알고 있는 상이 있다. '금동 미륵보살 반가 사유상'이다. 보 관을 쓰고 생각하는 사람 같은 자세로 앉아 계신 분, 그분이 미 륵보살이다. 반가 사유상은 미륵보살이 도솔천에서 깊은 생각 혹은 명상수행에 빠져 있는 모습을 형상화한 것이다. 이런 형 태의 미륵 반가 사유상이 통일 신라 시대에 많이 만들어졌다.

이 미륵보살이 부처님인지 보살인지를 어떻게 구분할 수 있을까? 먼저 머리에 보관을 쓰고 있는 것으로 보아 미륵부처

▲ 국보 금동미륵보살 반가사유상(1962-1.2). 왼쪽 무릎 위에 오른쪽 다리를 걸치고
오른쪽 손가락을 살짝 뺨에 댄 채 깊은 생각에 잠긴 미륵보살의 모습을 담고 있다.

님이 아니라 미륵보살이라는 것을 알 수 있다. 대웅전 삼존불에서도 확인할 수 있듯 부처님은 머리에 아무것도 쓰지 않았고, 양쪽의 협시보살님들은 보관을 쓰고 있다.

또 한 가지, 불상의 자세를 통해 보살인지 부처님인지를 구분할 수 있다. 도솔천에서 미륵보살은 느슨한 자세로 깊은 생각에 잠겨 있다. 그러나 용화세계로 내려오게 되면 설법을 하시게 된다.

예를 들어 관촉사 은진미륵을 생각해보자. 은진미륵은 신체 비율이 7등신이나 8등신이 아니고 3등신에 가깝다. 단순히 머리가 커서 그런 것이 아니고, 아직 미륵불이 출현할 미래가 오지 않았기 때문에 신체의 3분의 1만 드러나 있고 가슴 아래부터는 땅속에 묻혀 있는 것이다. 모두가 이렇지는 않다. 의자에 앉아 계신 미륵불도 있다. 반가(半跏) 자세는 아니고 그냥 앉아 있는데, 이 부처님은 경주 남산 삼화령의 미륵삼존불로 경주국립박물관에 모셔져 있다.

미륵하생,
훗날 용화삼회에 직접 참여하겠다

미륵하생신앙은 무엇일까? 미륵보살님이 도솔천에 계시다가 56억 7천만 년 뒤에 이 세계에 내려오셔서 우리 중생들을 제도하시기를 기다리는 신앙이다. 미륵보살님이 이 세계에 오기 위해서는 먼저 전륜성왕이 나타나서 백성들이 살기 좋은 태평성

대가 되어 있어야 한다. 이런 세계를 용화세계라고 한다. 즉 미륵하생신앙에서는 미륵부처님이 출현하기 위해 반드시 전륜성왕이 등장해야 한다.

두 번째, 미륵부처님이 이 세계에 내려오시면 반드시 용화수 아래에서 깨달음을 얻는다. 석가모니 부처님이 보리수 아래에서 깨달음을 얻으셨던 것처럼 말이다. 석가모니 부처님은 깨달음을 얻고 45년 동안 쉬지 않고 설법을 했다. 그랬는데도 우리같이 제도되지 못한 중생들이 엄청나게 많다. 그런데 미륵불은 그렇지 않다. 미륵불은 용화수 아래에서 깨달음을 얻은 후 딱 세 번만 설법을 한다. 그걸 '용화삼회(龍華三會)'라고 한다. 그 세 번의 설법을 통해 석가모니 부처님이 미처 제도하지 못한 중생들을 전부 제도한다.

그런데 예를 들어 내가 게을러서 늦잠을 자느라고 용화수 아래에 가지 못했다면 어떻게 될까? 깨달음을 얻을 수 없다. 이 지점에서 미륵하생사상에서 중요한 두 번째 포인트가 나온다. 미륵불이 용화수 아래에서 법을 설하는 그 자리에 내가 있어야 한다.

경전에는 처음 법을 설할 때 96억 명이 제도를 받고, 두 번째로 법을 설할 때 90억 명이 제도를 받는다고 나온다. 모든 중생을 다 제도한다는 의미이다. 어쨌든 제도를 받기 위해서는 설법하는 그 자리에 내가 꼭 가야 하는 것이다. 어떻게 그 자리에 갈 수 있을까? 악업을 참회하고 선업을 쌓아야 한다. 수행을 해야 하는 것이다.

내가 참회하고 열심히 미륵부처님의 명호를 외우면 그 공덕으로 도솔천으로 왕생을 하든 훗날 미륵불의 설법 자리에서 제도를 받게 된다는 것. 어디서 많이 보던 구조이다. 미륵신앙은 지금 우리가 알고 있는 정토사상과 매우 비슷하다. 미륵불을 아미타불로 바꾸고 도솔천을 서방정토로 바꾸면 정토사상과 다를 것이 없다. 그래서 미륵사상은 자연스럽게 아미타불 정토신앙으로 흡수되었다.

삼국 시대,
통치 이념으로 쓰인 미륵신앙

미륵불의 파트너로 전륜성왕이 있다는 사상은 삼국 시대 백제에서 차용되어 나라의 통치 이념으로 재탄생했다. 백제의 왕들은 '내가 바로 미륵불의 파트너인 전륜성왕이다.'라고 주장하면서 백제를 미륵불의 세계로 천명하고 이웃 나라는 나쁜 나라라고 상정한 것이다.

신라는 조금 달랐다. 신라 사람들은 '왕즉불(王卽佛)', 왕이 곧 부처라는 통치 이념을 사용했다. 신라 사람들에게 경주 남산은 수미산(須彌山)이다. 경주 자체가 불국토이다. 경주의 가장 높은 사람인 왕은 부처이고 귀족은 보살이고 백성들은 중생이었다.

신라의 김유신 장군은 젊었을 때 용화향도(龍華香徒)라는 화랑 모임을 조직했다. 용화라는 말이 들어가면 일단은 미륵신앙이라고 보면 된다. 김유신은 우리 귀족들이 바로 보살인데, 공부를 게을리하고 전쟁에 나가서 승리할 체력도 없다면 신라라는 불국토를 건사할 수 없다는 기치 아래 용화향도를 조직해 수련했다. 화랑의 기본 정신이 바로 이것이다. 우리가 곧 보살이니 불국토를 이루기 위해 열심히 공부하고 수행해야 한다는 것.

혼란의 시대,
도구로 전락한 미륵신앙

이러한 신라불교를 깨뜨린 것이 중국에서 들어온 선종이다. 선종은 왕즉불, 왕이 부처가 아니라 '심즉불(心卽佛)', 마음이 부처라고 한다. 왕이 부처고 귀족이 보살인 체제에 불만을 가지고 있던 지방의 호족들은 선종의 논리를 적극 받아들였다. 왕과 귀족에 반기를 들 수 있는 근거를 제시했기 때문이다.

통일 신라 시대에 선종을 표방하는 구산선문(九山禪門)이 생겨난 것은 이런 연유에서이다. 구산선문 중 대표적인 곳이 화순 쌍봉사, 장흥 보림사, 문경 봉암사 등이다. 위치를 보면 신라의 중심인 경주 부근이 아니라 지방 호족들이 있던 신라의 변방이다.

이처럼 미륵사상은 자칫 변질될 소지를 안고 있었다. 실제 우리 역사 속에서 미륵불을 자처한 사람이 있다. 궁예(?~918)이다. 궁예는 스스로 본인이 미륵불이라고 믿었다. 심지어 아들들을 협시보살로 여겨 좌우보처로 두고 경전을 쓰기도 했다. 삼국 시대를 지나 고려 시대와 조선 시대에 이르기까지 궁예 같은 자칭 미륵불이 마구 등장했다.

전북 고창 선운사 옆 도솔암에 가면 커다란 마애불이 있다. 이 마애불은 미륵불이다. 조선 시대 풍문에 도솔암 미륵불의 배꼽에 비기가 있어 그 비기를 꺼내는 사람이 왕이 된다는 설이 있었다. 그러나 비기의 주인이 아닌 사람이 그것을 꺼내면 벼락을 맞아 죽는다는 금기도 있었다. 당시 감찰사로 부임해 온 인물이 그 풍문을 듣고 비기를 꺼냈다가 그 비기의 첫 줄에 본인의 이름이 등장한 것을 보고 너무 놀라서 다시 되돌려 놓았다는 이야기도 전해 내려온다. 그 이후, 동학 농민 운동을 지휘했던 손화중이 마애불 비기를 꺼내어 보았다. 그런데 벼락이 치지 않고 아무 일도 생기지 않은 것이다. 그 모습을 본 전라도의 농민들은 미륵불이 우리를 지킨다는 믿음으로 의기충천하여 동학 운동을 전개했다고 한다.

이와 같이 삼국 시대까지는 미륵신앙이 불교의 중심이었고 국가의 통치 이념에 가까웠다. 그러나 통일 신라 시대를 지나면서 세상을 바꿔보겠다는 사람들에게 이용되는 측면이 있었고, 또 많은 문제를 야기하면서 약화되었다.

미륵사상의 변화 양상

고려 시대가 되면 미륵불은 마을 어귀에서 동네를 지키는 장승으로 변화한다. 미륵불이 천하대장군·지하여장군과 같은 장승으로 변화했다는 중요한 근거가 무엇이냐 하면 바로 익산 고도리의 석조 여래 입상이다. 석조 여래 입상은 한 쌍으로 조성되어 200여 미터 거리를 두고 서 있다. 한쪽은 남자의 형상, 다른 한쪽은 여자의 형상을 하고 있다. 초기에는 돌로 만들었다가 차츰 나무로 바뀌는 형태를 보인다.

더불어 미륵신앙은 불교보다는 증산교라던가 용화교와 같은 사이비 종교의 형태로 빠져나가 버리고 기존의 불교에서는 그 흔적이 희미해져 버렸다. 중국의 경우에는 미륵부처님이 포대화상으로 변화한다. 포대화상은 실존 인물인데, 미륵부처님의 화신으로 추앙받았다고 한다. 일본에서는 쌀과 풍년을 기원하는 신으로 변화되는 양상을 보인다.

미륵불이 등장했던 시대는 혼란한 시대였다. 세상이 내 의지와 무관하게 굴러가는 시대였다. 전쟁, 천재지변, 기아 등 세상이 너무 흉흉할 때 미륵신앙이 힘을 많이 얻었다. 때

◀ 익산 동고도리 석불
익산 동고도리 석조 여래 입상

이런 기도 저런 기도

문에 미륵신앙이 불교의 고유한 신앙으로 자리 잡기보다 사회적인 변혁, 변화와 결합하면서 변질되는 측면이 있었다. 결국은 불교의 미륵신앙이 세속에 이용되는 꼴이 되고 만 것이다. 그 근본에는 사람들의 삶이 너무나 팍팍하고 어려웠던 시대상이 있었다. 이렇듯 어려운 시대를 살아가는 사람들이 기댔던 것이 미륵신앙이었음을 이해해야 한다.

달라진 시대, 불교를 어떻게 쓸 것인가?

오늘날 우리가 생각해 봐야 하는 것이 있다. 우리나라에서 미륵신앙이 힘을 쓰지 못하는 것은 첫 번째, 지금 세상이 과거에 비해 그다지 흉흉하지 않기 때문이고. 두 번째, 더 이상 종교와 정치가 하나가 되는 시대가 아니기 때문이다.

과거 이집트에서 파라오는 곧 태양신이었다. 우리나라 삼국 시대도 마찬가지였다. 내가 신이고 부처라고 하면 당시의 사람들은 믿었다. 종교와 정치가 분리될 수 있는 환경이 아니었기 때문에 왕즉불과 같은 사상이 나왔던 것이다. 그런데 현재는 누구도 종교와 정치에 예전과 같은 권위를 부여하지 않는다.

그렇다면 달라진 시대에 불교의 역할은 무엇일까? 현대 사회에서 불교가 모든 것을 다 해결할 수는 없다. 예를 들어 지금 우리나라에 가장 알맞은 사회 복지 시스템을 부처님의 가르침에서 찾아 만드는 것은 불가능하다. 2,500년 전의 말씀으로 현대의 사회 복지 시스템을 구현할 수는 없다.

불교의 핵심은 마음을 다스리는 것이다. 나의 마음을 잘 다스려서 불교가 추구하는, 모든 고통에서 벗어나는 수행을 하는 것은 불자로서 내가 할 일이다. 그러나 나는 불자이기도 하지만 대한민국의 국민이기도 하다. 국민으로서 이 나라가 어떻게 굴러가는지를 잘 봐야 한다. 동시에 불자로서 자비심을 바탕으로, 연기사상에 입각해서 우리나라가 어떻게 작동해야 하는가를 성찰해야 한다.

불교가 정치, 경제적인 모든 문제를 해결할 수는 없다. 그러나 불자로서 마음을 다스리는 수행을 충실히 하고 국민으로서 해야 할 역할과 의무, 그리고 사회에 대한 관심을 가진다면 지금처럼 종교와 정치가 분리되어 있는 현대 사회에서 불자이자 국민으로 살아갈 수 있는 올바른 마음자세가 될 것이다.

신중기도
해설

신중청(神衆請)은 말 그대로 신중(神衆), 즉 많은 신들의 무리에게 청하는 의식을 말한다. 법당에서는 부처님이 계신 곳을 상단, 신중님을 모신 곳을 중단, 영가가 계신 곳을 하단이라고 칭한다. 상단의 부처님께 올린 공양을 중단으로 물려서 불공을 드리기 때문에 신중청을 중단퇴공(中壇退供)이라고도 말한다. 그외에 신중본공, 중단본공 등 여러 가지 표현이 있지만 모두 신중님들에게 공양물과 의식을 올린다는 뜻으로, 신중청의 다른 이름이라고 볼 수 있다.

일반적인 불공의 순서

불공을 드릴 때에는 첫 번째, 어느 불보살님에게 불공을 드리는지를 먼저 밝히고, 두 번째, 해당 불보살님에게 '공양을 올려도 되겠습니까?' 여쭈며 공양을 청한다. 세 번째는 상을 차리고 음식을 준비하여 공양을 드시게끔 준비하고, 네 번째, 공양을 다 드시고 나면 공양을 받아 주셔서 감사하다고 찬탄하는 내용이 들어간다.

마지막으로 공양을 회향하면서 '그런데 사실은 제게 이러이러한 원하는 바가 있으니 잘 들어주십시오' 하고 축원을 한다. 쉽게 이야기하면 큰어른을 초빙하여 공양을 대접하고, 감사의 인사를 드리고, 마지막으로 부탁을 드리는 것이 불공의식의 기본적인 형식이다.

▲ 증심사 신중탱화

신중탱화 보는 법

신중탱화의 핵심은 예적금강과 제석천왕 두 분이다. 먼저 신중단 중앙에 위치한 험상궂게 생긴 분이 바로 예적금강(예적명왕)이다. 이분은 부처님의 화현이다. 그런데 왜 이렇게 무시무시한 모습으로 화현했을까? 신중님들이 하는 일은 호법, 즉 부처님과 진리를 공부하는 수행자들을 지키는 일이다. 누가 법을 해치려 하는가? 마구니다. 부처님은 마구니를 상대하기 위해 마구니가 가장 두려워하는 모습으로 나투었다. 자세히 보면 얼굴이 세 개고, 여덟 개의 손에는 법을 지키는 법구가 들려 있다. 후광도 여느 부처님과는 달리 불이 타오르는 것처럼 표현됐다.

  그 옆으로는 선비 같기도 하고, 장수 같기도 하고, 임금 같기도 한 분이 눈에 띈다. 우리가 살고 있는 욕계를 다스리는 제석천왕이다. 도리천은 욕계의 중심으로 수미산이 있는 곳이다. 제석천왕은 바로 이 도리천을 다스리는 왕으로 산스크리트어로는 '인드라(Indra)'라고 하며, 사천왕을 거느리고 있다.

신중청의 순서

1. 불보살님들을 초청함

보례진언: 널리 절하는 진언

저의 이제 한몸에서 다함없는 몸을 내어
온 세계 두루 계신 신중님께 절하옵니다.

거불: 불명을 청하여 가피를 구함

금강회상 불보살님께 귀의합니다. (큰절)

도리회상 성현님께 귀의합니다. (큰절)

옹호회상 영기등중님께 귀의합니다. (큰절)

예적대원만다라니: 예적금강성자의 원만성취 다라니

『옴 빌실구리 마하바라 한내 믹집믹 혜마니 미길미

마나세 옴 자가나 오심 모구리 훔훔 훔 박 박 박박박

사바하』(3번)

십대명왕본존진언: 십대명왕의 본심진언

『옴 호로호로 지따지따 반다반다 하나하나

아미리제 옴 박』

소청삼계제천진언: 삼계제천을 청하는 진언

『옴 사만다 아가리 바리보라리 다가다가 훔 바탁』

보소청진언: 널리 청하는 진언

『나무 보보제리 가리다리 다타아다야』(3번)

신중탱화는 크게 상·중·하로 나뉘어 있다. 상단은 금강회상이
다. 하여 '거불'을 할 때 '나무금강회상 불보살'이라며 신중단

▲예적금강

▲ 제석천왕

상단의 불보살님들을 부른다. 중단은 제석천왕이 다스리는 도리회상이다. 이에 두 번째 거불을 칭할 때 '나무도리회상 성현중'이라 하며 도리천에 계시는 훌륭하신 현자님과 성현들을 모신다. 하단은 옹호회상이다. 주로 토지신, 가람신, 산신 등 우리가 친근하게 대하는 신들로, 세 번째 거불을 할 때 '나무옹호회상 연기등중'이라고 부른다. 이렇게 거불을 하면서 상·중·하단에 있는 모든 불보살님들을 초청하고, 널리 청을 올리겠다는 보소청진언을 한다. 여기까지가 '누구를 초청할 것인가' 하는 대목이다.

2. 불보살님들을 모실 준비를 함

<u>유치: 법회가 이루어지는 연유를 아룀</u>

간절하게 생각하니 예적금강 십대명왕 천상계와
허공계와 산과들의 선신들과 불법지킬 원을세운
거룩하신 성중이여 그위력의 신령함은 측량할수
없사오며 자재하신 신통조화 헤아리기 어려웁네
중생들을 인도함에 자비모습 나투시고 부처님법
지킬때는 위엄상을 보이시며 크신방편 나투심엔
자취조차 남기잖고 실다운법 드러냄은 근본뜻에
부합하며 지혜거울 분명하고 묘한작용 자재하사
착한일엔 상주시고 악한짓은 꾸짖음이 티끌만한
사도없이 분명하게 밝히시며 모든재앙 소멸하고

분에맞게 복주시니 중생들의 모든소원 무엇이든
다이루네 그러므로 사바세계 증심사 이도량에
금월금일 일심정성 법의자리 마련하고 옹호선신
성중님께 청정공양 올리오니 범부들의 간절한뜻
굽어살펴 주시오며 신령하신 지혜로써 밝게비춰
보시옵고 자그마한 성의오나 하나하나 거두소서
간절하온 정성모아 일심으로 청합니다.

청사: 청하는 글

화엄회상 성현들께 일심으로 청합니다
다라니를 수호하는 팔대금강 성현님들
시방세계 보호하는 사대보살 제존들과
부처님의 화현이신 십대명왕 성중님들
사바세계 주인이신 대범천의 천왕님과
이땅위의 어른이신 제석천의 천왕이며
호세안민 사천왕과 해와달의 두천자와
이십제천 천왕님들 북두대성 칠성님과
좌보우필 삼태육성 이십팔수 성군님들
이땅위에 항상계신 토지신과 가람신과
호계대신 복덕대신 내호조왕 외호산신
먼곳이나 가까운곳 자유로이 왕래하며
바른법을 수호하는 이름없는 선신님들

바라오니 삼보님의 대자대비 가피입어
이도량에 강림하사 저희공양 받으소서.

향화청: 향과 꽃으로 청함
향과 꽃으로 맞으옵고, 향과 꽃으로 청하옵니다.

가영: 찬탄하는 노래
옹호하는 성중들은 허공중에 가득하여
부처님의 미간백호 광명속에 자재하고
부처님법 믿고지녀 어느때나 옹호하며
모든경전 받들어서 길이유통 시키시네
그러므로 저희들은 머리숙여 절합니다.

헌좌진언: 자리를 바치는 진언
이제내가 경건하게 장엄보좌 설단하고
화엄회상 성중님께 지성으로 바치오니
티끌같은 망상심을 소멸하여 주시옵고
해탈하여 보리과를 얻으시기 원합니다.
『옴 가마라 싱하 사바하』(3번)

정법계진언: 법계를 맑게 하는 진언
『옴 람』

다음으로 '유치'와 '청사'가 나온다. 한문으로 되어 있는 이 부분은 주로 노전(爐殿)스님이 혼자 독송하는데, 유치는 '왜 이 신중청을 하는가'에 대한 연유이고, 청사는 말 그대로 청하는 말이다. 신중단에 계시는 모든 분들을 거명하면서 공양에 와 달라고 청하는 것이다. 불보살님들을 모시기 위해서는 먼저 청소를 하고, 좋은 향을 뿌리고, 꽃으로 장식하여 온 법계를 깨끗하게 정화해야 한다. '정법계진언'을 독송하며 법계를 깨끗하게 하는 것까지가 불보살님들을 모실 준비를 하는 단계다.

3. 공양을 올림

공양게: 공양을 올리는 게송

청정하고 향기로운 공양을 화엄성중님께

올리오니 제자들의 간절한 마음 살피시어

자비로 받으소서

자비로 받으소서

자비로 받으소서

진언권공: 진언으로 공양의 변화를 청함

한량없는 위신공덕 자재하신 광명이며

수승하온 묘력으로 변식하는 진언이라

『나막 살바다타 아다 바로기제 옴 삼바라 삼바라 훔』(3번)

무량위덕 자재광명 승묘력 변식진언:
부처님의 가지로써 공양한 음식을 질적,
양적으로 변화시키는 진언
『나막 살바다타 아다 바로기제 옴 삼바라 삼바라 훔』

시감로수진언: 감로수가 흘러나오는 진언
『나무 소로바야 다타 아다야 다냐타 옴 소로소로
바라소로 바라소로사바하』(3번)

일자수륜관진언: '밤'자에서 우유가 한량없이 나오는 진언
『옴 밤 밤 밤밤』(3번)

유해진언: 우유가 바다같이 많아져 베풀어지는 진언
『나무 사만다 못다남 옴 밤』(3번)

예공: 공양 올림
지심정례공양 화엄회상 욕색제천중 (큰절)
지심정례공양 화엄회상 팔부사왕중 (큰절)
지심정례공양 화엄회상 호법선신중 (큰절)
원하오니 신중님은 자비로써 공양받고
도량안팎 옹호하며 깨달음을 얻으시고
많은불사 베풀어서 중생들을 건지소서

진언가지: 진언으로 가지된 공양

위로부터 부처님의 가지입은 공양들과
여기올린 만반진수 정성들여 준비한 것
연향공양 연등공양 선다공양 선과공양
향미공양 올립니다 원하오니 신장님은
애민하게 여기시고 이도량에 강림하사
자비심을 베푸시어 이공양을 받으소서(반절)

보공양진언: 널리 공양하는 진언

『옴 아아나 삼바바 바아라 훔』(3번)

공양은 '진언권공'으로 시작한다. 공양물을 올린다 함은 단순히 공양물을 불보살님 전에 바치는 것만 지칭하는 것이 아니다. 우리가 올리는 이 공양물이 눈으로 보기에는 그저 평범한 물이고 과일일지라도 진언의 힘으로 이것들을 지상에서 가장 달콤한 감로수와 훌륭한 공양물로 변화시키는 것까지 포함한다. '변식진언'이란 음식을 변하게 하는 진언이며, '시감로수진언'은 차를 감로수로 변하게 하는 진언이고, '일자수륜관진언'은 우유가 한량없이 나오는 진언이다. 고행으로 매우 쇠약해진 부처님께 수자타가 올린 공양물이 바로 우유죽이라는 사실을 상기하자. '유해진언'은 우유가 바다처럼 많아져서 베풀어지는 진언이다.

다음은 '지심정례공양'을 시작하는 부분이다. 먼저 화엄회상에 계시는 모든 불보살님들에게 지극한 마음으로 공양을 올린다. 왜냐하면 화엄회상이란 비로자나 부처님이 『화엄경』을 설하는 장소로, 이곳에 우리가 생각할 수 있는 모든 신과 보살님들이 모이기에 이 세상 모든 불보살님에게 공양함을 의미하기 때문이다. 상계와 중계, 하계로 나누어 지심정례 공양을 올리고, 다음으로는 '보공양진언'으로 이분들 외 모든 존재에게 공양을 두루 제공한다.

4. 불보살님을 찬탄함

금강심진언: 예적금강성자의 본심을 나타내는 진언
『옴 오류이 사바하』(3번)

예적대원만다라니: 예적금강성자의 원만성취 다라니
예적명왕 금강부와 석가화현 금강신에
머리숙여 예배하니 머리셋에 예리한눈
칼날같은 치아들과 여덟개의 팔뚝에는
항마도구 잡으시고 독사들과 영락으로
몸과팔을 감으셨네 삼매의불 바퀴처럼
몸을따라 일어나는 하늘마군 삿된무리
부처님의 크나크신 위신력에 힘입어서
하루속히 불사이뤄 위없는도 이뤄지다.

『옴 빌실구리 마하바라 한내 믹집믹 혜마니

미길미 마나세 옴 자가나 오심 모구리

훔훔 훔 박 박 박박박 사바하』(3번)

항마진언: 마귀를 항복받는 팔금강의 진언

내가이제 금강부에 세종류의 방편열어

몸으로는 금강부의 반월풍륜 타시오며

단위에서 입으로는 (람)자광명 빛을놓아

제스스로 쌓아놓은 무명의몸 불태우고

하늘위나 땅위거나 지하에다 영을내려

지어놓은 모든장애 일체난관 없게하니

선량하지 않은자들 모두와서 무릎꿇고

내가말한 부처님의 가지법음 듣고나서

포악하고 어리석은 중생심을 모두비워

부처님의 법문중에 함께모여 신심내고

도량안팎 옹호하고 시주들을 보살피며

모든재앙 소멸하고 많은복덕 내릴지라

『옴 소마니 소마니훔 하리한나 하리한나 훔

하리한나바나야 훔 아냐야혹 바아밤 바아라 훔바탁』(3번)

제석천왕제구예진언: 더러움을 없애는 제석천왕의 진언

『아지부 제리나 아지부 제리나 미아제리나 오소제리나

아부다 제리나 구소제리나 사바하』

십대명왕본존진언: 십대명왕의 본심진언
『옴 호로호로 지따지따 반다반다 하나하나
아미리제 옴 박』

소청팔부진언: 팔부천룡을 청하는 진언
『옴 살바 디바나 가아나리 사바하』

『화엄경』약찬게: 『화엄경』의 모든 신중을 간략하게
찬탄하는 게송
크고넓고 방정하온 부처님의 화엄경을
용수보살 게송으로 간략하게 찬탄하네
아름다운 연꽃으로 가꾸어진 화장세계
비로자나 부처님의 진실하온 법신불과
현재에도 설법하는 노사나불 보신불과
사바세계 교주이신 석가모니 화신불과
과거현재 미래세상 모든여래 모든성자
두손모아 마음모아 지성으로 귀의하니
근본적인 화엄교설 법의바퀴 굴리심은
해인삼매 평화롭고 드넓으신 힘이어라
보현보살 모든대중 하나하나 열거하면

이런 기도 저런 기도

금강저를 손에드신 집금강신 신중신과

만족하고 실천하는 족행신과 도량신과

성과땅을 주관하는 주성신과 주지신과

산과숲을 주관하는 주산신과 주림신과

약과곡식 주관하는 주약신과 주가신과

하천바다 주관하는 주하신과 주해신과

물과불을 주관하는 주수신과 주화신과

바람허공 주관하는 주풍신과 주공신과

밤과방향 주관하는 주방신과 주야신과

낮을맡은 주주신과 싸움의신 아수라와

용의천적 가루라왕 노래의신 긴나라와

음악의신 마후라가 흡혈귀인 야차왕과

이와같은 모든용왕 정기먹는 구반다와

가무의신 건달바왕 밤밝히는 달의천자

낮밝히는 해의천자 도리천왕 함께하고

욕계육천 함께하니 야마천왕 도솔천왕

화락천왕 타화천왕 사천왕천 곁가지라

초선천중 대범천과 이선천중 광음천과

삼선천중 변정천과 사선천중 광과천과

색계최고 대자재왕 불가설로 함께모인

모든대중 둘러싸고 보현문수 큰보살과

법혜공덕 보살이며 금강당과 금강장과

다시다못 금강혜는 날카로운 지혜보살
광염당과 수미당은 공부마친 대승보살
부처님의 상족으로 대덕성문 사리자와
해각비구 비롯하여 많은제자 함께하고
셀수없이 함께모인 우바새와 우바이와
선재동자 주변으로 동남동녀 동참하니
그숫자가 한량없어 말로할수 없음이라
선재동자 남순할제 선지식이 쉰셋이라
처음으로 찾아뵌분 문수사리 보살이요
둘째로는 덕운비구 다른이름 이사나며
셋째로는 선주비구 무집착의 성문이며
넷째로는 미가장자 이름있는 명의이며
다섯째는 해탈장자 무소유를 가르치고
여섯째는 해당비구 바른길을 보여주고
일곱째는 우바이로 그이름은 휴사이며
여덟째는 신선으로 이름하여 비목구사
아홉째는 브라흐만 비목다라 승열이요
열째로는 자행동녀 다른이름 방편목숨
열한번째 선견비구 다른이름 미다라니
둘째로는 선현동자 다른이름 자재주요
셋째로는 석천주로 혹은구족 우바이며
넷째로는 명지거사 다른이름 자재이며

다섯째는 장자로서 법보계요 감로이마

여섯째는 보안장자 다른이름 법보주라

일곱째는 무염족왕 다른이름 보안묘향

여덟째는 대광왕자 다른이름 만족이며

아홉째는 우바이로 그유명한 부동이요

열째로는 변행외도 평등진리 가르치고

스물하나 우바라로 외도로서 중생수순

둘째로는 청련화향 바시라의 선장이며

셋째로는 장자로서 무상승인 자재거사

넷째로는 비구니로 그유명한 사자빈신

다섯째는 바수밀녀 다른이름 사자분신

여섯째는 안주장자 비실지라 거사이고

일곱째는 보살이니 그의이름 관자재며

여덟째는 정취보살 관세음의 다른이름

아홉째는 마하제바 대천신이 함께하고

열째로는 안주지신 도량맡은 신이로세

서른하나 바산바연 밤을맡은 신이시고

둘째로는 보덕정광 다른이름 바사바타

셋째로는 희목관찰 심심묘덕 이구무명

넷째로는 보구묘덕 역시밤의 신이시며

다섯째는 적정음해 묘덕구호 중생신과

여섯째는 밤맡은신 일체중생 수호하고

일곱째는 개부수화 성읍들을 수호하고
여덟째는 대원정진 힘을쏟아 구호하고
아홉째는 묘덕원만 광명으로 수호하고
열째로는 석가족의 고운여인 구바일세
마흔하나 구이로서 마야부인 불모시고
둘째로는 순진무구 천주광의 천녀이며
셋째로는 무언설법 변우동자 함께하고
넷째로는 중예동자 대중예술 전문가요
다섯째는 우바이로 매우어진 현승이며
여섯째는 장자이니 그이름은 견고해탈
일곱째는 묘월장자 중생무명 건어내고
여덟째도 장자이니 무승군의 장수이고
아홉째는 브라흐만 그의이름 적정이며
열째로는 덕생동자 다른이름 시비최승
쉰한번째 미륵보살 당래하생 예비부처
쉰두번째 문수보살 첫번째로 만난스승
쉰세번째 보현보살 먼지처럼 많은대중
화엄회상 이법회에 구름처럼 모여와서
비로자나 부처님을 언제든지 모시면서
연꽃으로 가꾸어진 연화장의 세계바다
대법륜을 굴리면서 조화롭게 장엄하고
시방세계 허공세계 한량없는 모든세계

또한다시 이와같이 영원토록 설법하니
육육육의 십팔품과 네품세품 다시한품
열한품과 한품하고 또한품이 되었어라
칠처구회 삼십구품 보리장의 첫회모임
세주묘엄 여래현상 보현삼매 세계성취
화장세계 비로자나 여섯품이 설해지고
여래명호 사성제품 광명각품 보살문명
정행품과 현수품은 보광법당 둘째모임
승수미품 수미정상 보살십주 범행품과
발심공덕 명법품은 도리천의 셋째모임
여섯품씩 설해지고 넷째모임 야마천회
야마천궁 오르신품 야마천궁 게찬품과
십행품과 무진장품 네개품이 설해졌네
다섯째로 화엄법회 도솔천궁 있었으니
도솔천궁 오르신품 도솔천궁 게찬품과
십회향품 모두합해 세개품이 설해지고
여섯째로 욕계정상 타화자재 궁전에서
오직한품 설해지니 십지품이 그것이라
일곱째로 보광법당 설법장소 거듭하여
열한품이 설해지니 십정십통 십인품과
아승지품 여래수량 보살주처 부사의법
여래십신 상해품과 여래수호 공덕품과

보현행품 여래출현 이와같은 품이로세
이세간품 입법계품 팔회구회 법회로서
보광법당 서다림서 차례차례 설해지니
이것이곧 십만게송 화엄경의 내용이요
삼십구품 원만하니 일승원교 교설이라
외고나서 다음으로 경전말씀 수지하면
처음으로 발심할때 그대로가 정각이니
이와같이 화엄바다 연화세계 안좌하면
이이름이 다름아닌 비로자나 부처로다
크고넓고 방정하온 부처님의 화엄경을
용수보살 게송으로 간략하게 찬탄하네

이제 보잘것 없는 공양을 잘 드셔주어서 고맙다는 마음을 담아 찬탄을 한다. 먼저 신중단의 본존이신 예적금강님의 마음을 나타내는 '금강심진언'을 하고, '예적대원만다라니'로 예적금강의 대원을 찬탄하며, '항마진언'으로 마구니를 물리치는 신중님들을 찬탄한다. 신중님들의 역할이 마구니의 항복을 받는 것이니만큼 항마진언을 조금 더 살펴보자. 신중님들은 몸을 금강과 같이 수승하게 하고, 마음을 고요한 상태로 허공에 머무르게 하며, 입으로는 '옴 남'이라는 글자로 광명을 낸다. 신중님들은 이 같은 세 가지 방편, 즉 신·구·의 삼업을 밝힘으로써 법계를 정화한다. 힘으로써 마구니들을 죽이거나 물리치는 것이 아니라 신·구·의 삼업을 깨끗하게 함으로써 마구니들의 번뇌를 깨뜨려 항복을 받아 내는 것이다. 밀교에서는 신·구·의 삼업을 깨끗하게 하는 것을 삼밀가지, 즉 세 가지 비밀스러운 가피력이라고 말한다. 이어서 더러움을 없애는 제석천왕의 진언인 '제구예진언', 상단에 위치한 십대명왕을 찬탄하는 진언, 팔부신중에게 읍소하는 '소청팔부진언'이 계속되며, 삼계재천에 있는 모든 분들을 찬탄하고 『화엄경』 약찬게'와 '보회향진언'을 함으로써 찬탄을 마무리한다.

5. 불공을 회향함

원성취진언: 대원성취를 발원하는 진언

『옴 아모카 살바다라 사다야 시베훔』(3번)

보궐진언: 빠진 것을 보완하는 진언

『옴 호로호로 사야목케 사바하』(3번)

보회향진언

『옴 삼마라 삼마라 미만나 사라마하 자가라 바훔』(3번)

모든 불공의 회향은 거의 유사하다. '원성취진언', '보궐진언', '보회향진언'이다. 우리들의 원을 성취하여 주시옵고(원성취진언), 혹시 빠뜨린 것이 있다면 챙겨 주시고(보궐진언), 마지막으로 널리 회향하겠다(보회향진언)는 이야기다. 불공은 여기에서 끝나지만 우리는 어쩔 수 없는 중생이기에 이 대목에서 구체적인 서원을 말씀드린다. 명심할 것은 중생의 개인적인 서원을 이야기하기에 앞서 가장 크고 근본적인 소원인 '모든 중생들이 깨달음을 얻게 해 달라'는 서원을 세워야 한다는 것이다. 개인적인 축원은 그다음 일이다.

나한기도:
당신의 나한님은
누구십니까?

▲ 하동 쌍계사 나한전에 모셔진 나한상.
복장과 표정, 자세 등이 모두 다른 섬세함이 눈에 띈다.

증심사는 매년 오백전의 나한님들과 인연을 맺고 그 인연을 잘 이어가겠다고 발원하는 오백나한대재를 봉행하고 있다. 오백전에 계신 나한님들은 초기불교에서 말하는 아라한과를 증득하신 분들이다. 깨달은 분과 인연을 맺는다는 것은 어떤 의미일까?

『아함경(阿含經)』 「우바새경」에서 한 제자가 질문하기를 "재가자가 수다원과에 이르려면 어떻게 해야 합니까?"라고 묻자 부처님께서 이렇게 말씀하셨다.

> "여래를 반연하여 마음이 편안하고 기쁨을 얻어 만일 나쁜 욕심이 있으면 곧 멸할 수 있고, 마음 가운데 선하지 않은 더러움과 싫음, 괴로움과 걱정 그리고 슬픔이 있으면 또한 멸할 수 있다. 그리고 법에 반연하고 승가에 반연해서도 이와 같다."

반연(攀緣)한다는 말은 인연을 맺는다는 말이다. 깨달은 이와 인연을 맺으면 내 안에 있는 나쁜 마음이 없어지고, 싫음, 걱정, 슬픔과 같은 부정적인 감정 또한 멸해진다고 말씀하신 것이다. 증심사 오백대재는 이런 부처님 말씀에 근거하여 우리 불자님 한 분 한 분이 나한님들과 인연을 쭉 이어갈 수 있는 자리이다.

또한 「우바새경」에서 부처님은 어떻게 하면 재가자가 깨달음을 얻을 수 있는가에 대한 답으로 두 가지를 말씀하셨다.

"오계를 지키고 삼보를 항상 생각하라. 그러면 깨
달음에 이를 수 있다."

깨달은 이와 인연을 가지는 것은 넓게 보면 삼보를 항상 마음
속에 두고 생각하는 것이다. 삼보는 불보, 법보, 승보의 불·법·
승을 말한다. 이 세 가지를 항상 마음속에 지니고 있으면 재가
자들도 수다원과에 이를 수 있고, 일곱 생을 지나면 반드시 완
전한 열반에 이를 수 있다고 부처님은 말씀하셨다. 삼보를 생
각하는 것은 깨달은 이와 인연을 맺고, 그 인연을 중히 여기고,
항상 그 인연을 간직하는 것이다. 이것이 재가자들이 깨달음
에 이르는 길이다.

오백나한대재를 봉행하며 나한님과 일 년 동안 인연을 맺
는 것의 의미는 첫째, 삼보를 항상 생각하며
오계를 지킨다는 다짐이다. 오계를 지키는
것과 삼보를 생각하는 것은 동전의 양면과
같다. 부처님은 재가자가 깨달음을 얻기
위해 오계만 지키라고 하지도 않았고 삼
보만 생각하라 하지도 않았다. 이 두 가
지는 항상 함께한다.

오계를 잘 지키면 나도 모르게 내

마음속에 부처님이 항상 함께하고, 부처님의 가르침이 나와 함께하며, 내가 있는 곳이 곧 부처님의 가르침을 따르는 집단의 무리가 되는 것이다. 오계를 지키면 자연스럽게 삼보와 함께하게 되고, 항상 삼보를 생각하는 마음이 간절하면 자연스럽게 오계를 지키는 행동을 하게 된다. 이 두 가지가 떼려야 뗄 수 없을 정도가 되었을 때, 재가자들은 반드시 수다원과에 이르고 일곱 생이 지나면 반드시 깨달을 수 있다. 이것은 부처님 당시에 부처님께서 직접 하신 말씀이다.

두 번째, 우리가 나한님과 인연을 맺는다는 것은 곧 열심히 수행을 하겠다는 의미이다. 앞서 말한 오계를 지키고 삼보를 항상 생각하는 자체가 깨달음으로 가는 길이며, 깨닫기 위해서 열심히 노력하는 것이 바로 수행이다.

수행을 제대로 하려면 출가해야 하는 것 아니냐고 재가자들은 생각할 수 있다. 부처님 당시에 어떤 비구가 깨달음을 얻기 위해 승가에서 홀로 떨어져 나와 열심히 수행을 했다. 주위에서는 이를 우려하면서 부처님께 물었다.

"저 비구처럼 승가에서 홀로 떨어져 수행을 해도 괜찮은 겁니까?"

부처님께서 답하였다.

"과거는 버리고 미래는 바라지 않으며 현재는 자신의 욕망과 탐애를 모두 버리는 마음 자세로 수행한다면 홀로 수행해도 문제 될 것이 없다."

평범한 재가자라면 당연히 출가하지도 않았음은 물론, 시민선방에서 일 년 365일 내내 수행할 수도 없을 것이다. 사회생활을 해야 하고 가정을 지켜야 하고 돈도 벌어야 한다. 그런 와중에 수행하는 마음을 내는 것이야말로 수행자가 홀로 수행할 때 가져야 하는 마음가짐이다. 일상생활을 하는 와중에 과거에 대해 후회하지 않고, 미래에 대해 바라거나 불안해하지도 않고, 지금 현재 내가 가지고 있는 것들과 내 가족들에 대한 집착을 버리고 살면 그게 바로 수행이다. 그런 마음으로 살아갈 수 있도록 나를 독려하고 응원하는 분이 바로 나와 인연을 맺은 나한님이다. 다시 말해 오백나한대재의 두 번째 의미는 내가 비록 출가하지 않았더라도 이런 마음가짐으로 열심히 수행을 하겠다는 마음을 간직하는 데에 있다.

오백나한대재의 세 번째 의미는 청정한 삶을 살겠다는 다짐이다. 재가자가 깨닫기 위해서는 오계를 지키고 삼보를 항상 생각해야 한다. 오계를 지킨다는 것은 청정하게 산다는 뜻이다. 흔히 청정하게 산다고 하면 많은 것에 욕심내지 않고 적게 가지고 삿된 생각을 하지 않는 것이라고 생각하겠지만 조금 더 넓게 생각할 필요가 있다.

깨끗해야 한다는 것은 무슨 의미일까? 비유를 들어 피부 관리에 신경을 많이 쓰는 사람이 있다고 하자. 피부를 깨끗이 하려면 수분 로션을 바르고 영양 크림을 바르고 피부에 좋다는 마사지를 받는 것도 좋지만 제일 먼저 세수를 잘해야 한다.

깨끗하게 불순물을 잘 제거해야 한다. 우리의 마음을 깨끗하게 만드는 것도 똑같다. 마음의 불순물을 제거하는 것이 첫 번째다. 마음의 불순물이란 악업으로 지은 과보다. 악업을 소멸하기 위해서는 참회를 해야 한다. 그다음 마음에 영양분을 제공해서 윤택하게 하는 것은 선업을 쌓는 것이다. 선업을 쌓는 것을 다른 말로 공덕을 쌓는다고 한다.

청정한 삶을 산다는 것은 곧 마음을 항상 깨끗하게 유지하는 것이다. 마음을 깨끗하게 하려면 악업을 소멸하기 위해서 참회를 해야 하고, 선업을 쌓는 공덕을 많이 쌓아야 한다. 마음이 깨끗해지면 행이 올바르게 된다. 행이 올바르면 마음 또한 올바르게 쓰게 된다. 마음이 깨끗하면 몸도, 행도 청정하고 올바르게 된다.

네 번째, 나한님과 인연을 맺는 것은 나 자신을 낮추고 부처님을 공경하겠다는 마음의 발로이다.

연로하신 부처님께서 제자들을 모아 놓고 "나는 넉 달 뒤에 열반에 들겠다."라고 하자, 제자들 중 아라한과를 증득한 제자들은 그 말에 동요하지 않았지만 아직 미처 수다원과에 들어가지 못한 제자들은 슬퍼하고 비통해하며 마음에 근심 걱정이 가득하였다. 그중에 띠사라는 아직 깨닫지 못한 비구가 있었다. 그는 이제 부처님을 빌 수 있는 시간이 넉 달밖에 남지 않았으니 넉 달 안에 무슨 일이 있어도 깨달아야겠다고 생각했다. 띠사 비구는 먹을 때도, 걸을 때도, 잘 때도, 무엇을 할 때도 열심히 수행했다. 그가 승단 및 사람들과 단절한 채 열심히 수행에만 몰두하자 제자들 사이에서 나쁜 말이 돌았다. 띠사 비구는 사람을 무시하고 너무나 불경하다는 것이다. 급기야 제자들은 부처님께 고자질을 했다. 부처님은 띠사 비구를 불러 그 연유를 물었다. 띠사 비구가 그 이유를 설명하자 부처님께서 말씀하셨다.

"내게 꽃과 향을 올리며 존경을 표하는 사람은 나를 진실로 존경하는 사람이 아니다. 높고 낮은 법을 얻기 위해 열심히 수행하는 사람이 나를 진실로 존경하는 사람이다."

『법구경(法句經)』의 이야기이다. 부처님은 이때 띠사 비구에게 『법구경』 266번째 게송을 설하였다.

> 벗어남의 맛을 알고
> 내려놓음의 맛을 아는 이는
> 근심과 악행에서 벗어나
> 진리의 기쁨을 만끽한다.

부처님은 높고 낮은 법을 얻기 위해서 열심히 수행을 하는 것이야말로 당신을 진정으로 존경하는 것이라고 말씀하셨다. 마찬가지로 나와 내 가족을 위해 부처님 전에 복을 비는 것이 아니라, 열심히 수행해서 내 안에 있는 고통을 없애겠다는 마음으로 등을 켜고 기도하는 것이 부처님을 올바르게 공경하는 자세이다. 나한님과 인연을 맺음으로써 나의 신행생활이 곧 불보살님들에 대한 공경임을 잊지 말아야 한다. 나도 오백나한대재를 통해 한 나한님과 인연을 맺었다. 천안존(天眼尊) 존자이다. 마침 정기적으로 가야 하는 안과에 못 가서 눈에 탈이 나는 게 아닌가 걱정을 하고 있었는데, 오백나한대재에 접수를 하자 희한하게도 천안존 존자님과 인연을 맺게 되었다. 우연의 일치이겠지만 미혹한 중생이기에 무언가 운명적인 인연이 있는가 싶었다. 그런 덕일까? 오백나한대재 입재를 하고 나서는 벌컥 화를 내다가도 멈추게 되고, 식탐을 부리다가도 스스로 그치게 되었다. 나도 모르게 내 마음속에 천안존 존자님이 자리를 잡고 계셨기 때문이다. 시작은 우연의 일치였지만 이렇게 일상 속에서 천안존 존자님이 내 모습 하나하나를 돌아보고 있다. 앞으로 일 년간 존자님들과 함께 일어나고, 함께 밥을 먹고, 함께 생활하고, 함께 길을 걷고, 함께 잠드는 생활을 하게 되면, 장담하건대 일 년 뒤에는 훨씬 더 일취월장한 불자가 되어 있을 것이다.

▲ 증심사 오백전

생전예수재란
무엇인가?

생전예수재의 핵심은 '참회'와 '공덕'이다. 두 가지만 기억하면 생전예수재에 동참하는 의미를 제대로 알 수 있다.

'생전'과 '예수'의 의미

생전예수재의 키워드는 '생전'과 '예수'다. 흔히 '살아생전에'라는 말을 쓰는데 여기에서도 같은 뜻으로 쓰인다. 또 예수라고 할 때 '예(豫)'는 미리, 예비한다는 말이고, '수(修)'는 닦을 수, 수행을 말한다. 지금 생은 다음 생의 이전이다. 생전예수재의 '생전'은 다음 생의 이전인 지금의 생을 말한다. 다음 생에 받을지도 모를 과보를 없애기 위해 인간의 몸을 받은 지금 생에 미리 참회하는 것이다. 왜일까? 다음 생에는 내가 어떤 몸을 받아서 어떻게 살지 모르기 때문이다. 하여 다음 생이 오기 전에 미리 수행하겠다는 것이다. 여기서 수행은 바로 참회와 공덕이다.

왜 특별한 기간을 정해서
생전예수재를 하는 것일까?

이런 질문은 '왜 어버이날을 만들었을까?' 하는 질문과 일맥상통한다. 부모님을 존경해야 하는 것에는 정해진 기간이 없지만 살다 보면 잊기도 하고 무심히 지나치기도 하기 때문에 일부러 일 년 중 특별한 날을 잡은 것이다. 어버이날을 정한 것이 일 년 중 하루만 부모님을 공경해야 한다는 뜻이 아니듯, 생전예수재 역시 수행이 부족하여 매일 그렇게 하지 못하므로 마음을 내어 되새기자는 의미다. 일 년 365일 참회하고 선업을 쌓는 게 당연한데 중생들은 그게 잘 안 된다. 그래서 이 기간 동안이라도 공덕을 짓자는 의미에서 생전예수재를 하는 것이다. 생전예수재에 접수하고 소전의식을 하고 나면 내 마음대로 살아도 된다는 뜻이 아니다. 생전예수재로 말미암아 다잡은 마음을 일상생활에까지 이어가자는 다짐을 하는 기간이다. 그런데 왜 하필이면 윤달에 생전예수재를 지내는 것일까? '윤달에는 송장을 거꾸로 세워도 탈이 나지 않는다'는 속담에서 알 수 있듯이, 윤달은 덤으로 있는 달이라 윤달엔 뭘 해도 괜찮다고 여겨지는 속설이 민간에 오래전부터 퍼져 있었다. 그래서 현세의 복만이 아닌 내생의 복까지 닦는 생전예수재를 지낸다고 이야기하는 것이다.

왜 재라는 형식을 가졌을까?

재란 무엇인가? 절에서는 제사 대신에 '재(齋)'라는 표현을 쓴다. 재는 '삼가하다'라는 의미를 가지고 있다. 몸과 마음을 깨끗하게 한다는 의미를 담고 있기에 속가에서 말하는 '제사'라고 하지 않고 '재'라고 명명하였다. 재의 핵심은 몸과 마음을 깨끗하게 하는 것이다.

일상적으로 흔히 하는 제사는 부처님께서 영가에게 법문을 하는 것이다. 그런데 생전예수재에서는 살아 있는 우리가 재의 대상이 된다. 그러므로 살아 있는 나 자신이 재를 지내는 동안 영가가 되는 것이다. 오늘의 나는 살아 있지만, 다음 생에 어떤 몸을 받게 될지는 아무도 모른다.

사람은 언젠가 죽는다. 하지만 평상시에 '나는 죽을 것이다'라고 주문을 외우고 다니는 사람이 있을까? 그렇기에 생전예수재 기간에라도 '우리의 삶은 항상 죽음과 함께하는구나'라는 것을 명심하기 위하여 재라는 형식을 취하고 있다. 이렇듯 생전예수재는 평상시에 항상 죽음을 염두에 두고 살자는 의미를 담고 있다.

생전예수재에 대한 오해

경전에서 이렇게 말한다. 경전을 읽지 않아 지은 빚은 예수재를 진행하며 경전을 독경하며 갚고, 돈으로 진 빚은 종이로 만든 돈을 명부전의 왕들께 올리는 것으로 갚는다고 말이다. 재를 올린 후 빚을 갚았다는 증표를 받아 한 조각은 불사르고 다른 조각은 죽을 때 지니고 가서 명부의 왕들에게 보여 극락왕생을 한다는 이야기다.

그러나 빚 갚는 데에 마음을 써서는 안 된다. '빚을 갚는다'에 강조점을 두지 말고 '경전을 많이 읽으라'는 데에 강조점을 둬야 한다. 또한 내 자신을 위해서가 아니라 다른 사람들을 위해서 내가 가진 재물을 보시하는 데에 강조점을 둬야 한다. 빚을 갚는다는 데에 초점을 두면, 생전예수재를 좁게 이해하며 내 복만 챙기려고 하는 기복신앙으로 오해하는 잘못을 범하게

생전예수재는 평상시에
항상 죽음을 염두에 두고 살자는
의미를 담고 있다.

▶ 조계사 생전예수재 풍경

된다. 생전예수재의 본뜻은 살아생전에 경전을 많이 읽고 주변에 내가 할 수 있는 보시를 많이 하는 데에 있다.

생전예수재의 의미

생전예수재를 올바르게 이해하는 첫 번째 항목은 선근 공덕을 쌓는 것이고, 두 번째는 참회하는 것이다. 살아생전 지은 악업 때문에 다음 생에 고통받을까 걱정하지 말고 지금 열심히 참회하고 공덕을 쌓으라는 것이 생전예수재의 참 의미이다.

매일매일 수행하는 것이 불자의 올바른 자세이지만 현실적으로 쉽지 않다. 그래서 일부러 시간을 내어 절에 와 예불을 드리고 기도를 한다. 마찬가지로 일부러 시간을 내서 4년에 한 번 돌아오는 윤달에 생전예수재라는 특별한 의식을 만들어 평소에 하지 않는 기도를 한다. 그러니 생전예수재 그 자체에 마음을 뺏기기보다, 생전예수재라고 특별히 시간을 내서 절에 오는 이유가 무엇인지를 자신에게 차분하게 되물어 보기를 바란다. 생전예수재란 매일매일 수행을 더 열심히 하겠다고 자기 자신을 독려하는 시간이다.

이런 기도 저런 기도

6장

불교와

민간

신앙

민간 신앙의
역사

불교와 민간 신앙의 흥망성쇠

우리나라에 불교가 들어온 지 어언 1,600여 년이 지났다. 조선이 숭유억불(崇儒抑佛) 정책을 내세워 불교를 억압한 것은 잘 알려진 사실이다. 그러나 이미 1,000년 가까이 불교가 우리 민족의 삶 속에 녹아 있었기 때문에 억압한다고 쉽게 없어지지 않았다. 심지어 조선 시대 간경도감(刊經都監, 불경을 번역 및 간행하던 기관)에서 최초로 찍어낸 한글책이 『석보상절(釋譜詳節)』, 즉 부처님의 말씀이 담긴 경전이었으니, 조선 왕실에서도 불교를 믿고 부처님을 따랐음을 알 수 있다. 일반 백성들의 삶에서도 불교는 떼려야 뗄 수 없는 관계였다. 정초, 칠월칠석, 동지 등 불교와 관련은 없지만 전통적으로 중요하게 여겼던 날이 되면 백성들은 절에 가서 공양미를 올리고 부처님께 공을 들였다. 이런 전통은 최근까지 이어져 내려왔다.

조선 시대 사대부들은 불교만 억압한 것이 아니라 당시의 전통적인 민간 신앙도 함께 배척했다. 조선 시대에는 스님뿐만 아니라 무당 역시 천민으로 분류됐다. 사대부의 억압에 노출된 불교는 비슷한 처지였던 민간 신앙을 대거 수용하였다. 많은 절에 산신각과 칠성각이 있다. 불교에서 기원한 것은 아니지만 민간 신앙이 불교 안으로 자연스럽게 들어와서 자리잡은 것들이다. 이후 일본 제국주의가 우리나라를 식민지로 만든 일제 강점기가 시작되었다. 일제는 조선 총독부를 통해 '전국 조직'을 갖추고 있는 불교를 통제하려고 했다. 일제는 대처육식(帶

▲ 『석보상절』 내지. 수양대군이 어머니
소헌황후의 명복을 빌기 위해 석가모니불의
일대기와 주요 설법을 엮어 한글로 번역·
간행하였다.

妻(肉食) 등의 왜색불교 정책을 펼쳤지만, 경허 스님, 만공 스님,
효봉 스님과 같은 뛰어난 스님들의 노력으로 우리는 왜색불교
를 배척하고 우리 불교의 전통을 이어왔다. 해방 후, 미국 문화
의 유입과 함께 기독교가 득세하면서 불교는 한 발짝 뒤로 물
러나게 되었다. 이런 현상은 민간 신앙에서도 마찬가지로 나타
났다. 해방 후, 불교와 민간 신앙은 흥망성쇠를 같이했다. 서구
식 교육이 광범위하게 퍼지면서 '민간 신앙은 미신이며 저열한

것'이라고 업신여기는 풍조가 생겨났지만, 민간 신앙은 완전히 뿌리 뽑히지 않았다. 오히려 해방 후 급격한 서구화는 불교와 민간 신앙을 한층 더 가깝게 하였다. 현대에 이르러 불교와 민간 신앙의 결합은 두 가지 측면에서 진행되었다.

첫 번째, 불교가 민간 신앙을 수용한 것처럼 민간 신앙도 불교를 상당 부분 자기들 속으로 가져갔다. 예전에 시골의 한 작은 절에 산 적이 있었다. 이 절 뒤에 아주 영험하다는 굿당이 있었다. 우리 절은 겉모습만 한옥이지 콘크리트로 지은 허름한 시멘트 건물인 데 반해 굿당은 그야말로 목재를 제대로 써서 지은 근사한 한옥집이었다. 어느 날 굿당에서 들려오는 소리를 가만히 들어보니 놀랍게도 『반야심경』이었다. 이렇듯 민간 신앙은 불교의 심오하고 체계적인 교리 사상을 차용하여 가져갔다.

두 번째, 1980년대 노태우 정부에 접어들어 불교 종단의 설립이 상대적으로 용이해지면서 민간 신앙이 스스로를 불교의 군소 종단으로 등록하는 사례가 많아졌다. 1970년대까지 무당이나 굿당처럼 사회적으로 괄시받던 민간 신앙이 스스로를 불교 종단으로 등록하여 활로를 찾고자 한 것이다. 이에 1980년대 들어 속칭 '무당절'이나 '보살절'들이 불교의 군소 종단화되면서 불교와 민간 신앙의 경계가 더더욱 애매모호해졌다.

한국인의 다중적 신앙 형태

우리나라 종교는 다중적인 신앙 형태를 띠고 있다. 우리나라 사람들은 불교식으로 생각하고, 유교식으로 생활하고, 여의치 않을 때는 무속에서 답을 찾으려는 경향을 보인다. 이슬람 국가에서는 생각도 코란대로, 생활도 코란대로다. 코란의 율법에 따라서 생각하고 행동한다. 그런데 만약 어떤 사람이 생각은 이슬람식으로 하고, 일상생활은 기독교식으로 하고, 의례는 유대교식으로 한다고 하면 그는 이슬람 사회에서 살아남을 수 없을 것이다. 반면 우리나라는 다중적 신앙이 너무나 자연스럽다. 불자들만 놓고 봐도 그렇다. 불교 신도인데 제사를 지낼 때는 유교 의례에 따라 제사를 지내고, 못자리를 쓸 때는 풍수지리를 따지고, 마을에서 기우제나 산신제를 지낸다고 하면 아무 거부감 없이 참석한다. 왜 이런 현상이 생기는 것일까? 한국인 의식의 가장 밑바닥에 민간 신앙이 깔려 있기 때문이다. 그 위에 1,000년 이상 백성들과 함께하면서 자연스럽게 민간 신앙을 수용한 불교가 있고, 그 위에 최근에 들어온 기독교나 서구 사상이 올라가 있다. 불교 내에 들어온 각종 민간 신앙을 접할 때는 오랜 세월을 두고 불교와 상호 교류하였던 민간 신앙의 특성과 한국인의 다중적인 신앙 형태를 충분히 감안해야 한다.

인도의 전통적 신앙인 힌두교의 여러 신들은 대승불교의 성장과 함께 불교로 들어와 불교의 여러 보살님과 신중으로 탈바꿈하며 불교의 일부가 되었다. 그리고 불교가 인도를 벗어나세계로 퍼져 나갈 때, 불교의 옷을 입고 인도 밖으로 퍼져 나갔다. 같은 맥락에서 불교는 일반 백성들이 숭배하는 칠성신이나 산신 같은 민간 신앙을 흡수하여 불교와 함께 생존토록 하였다.

불교와 세시 풍속

그럼에도 불구하고 쉽게 납득하기 힘든 사실이 있다. 칠성신앙이나 산신신앙은 나름의 종교적 신앙 형태를 띄어서 불교 속에 자연스럽게 동화되었다고 해도, 정초, 삼재, 칠월 칠석, 동지 같은 것은 어찌 보면 세시 풍속에 가깝다. 이들은 농경 사회에서 성장하고 발전했다. 현대와 같은 고도로 자본주의화된 사회에서 이런 세시 풍속은 거의 사라지고 겨우 흔적만 남아 있을 뿐이다. 그러나 유독 불교 내에서는 이런 세시 풍속이 여전히 잘 지켜지고 있다. 도대체 그 이유가 무엇일까? 그 이유에 대해서는 동지기도를 다룰 때 자세히 살펴볼 예정이다.

칠성기도는
왜 하는가?

칠성신앙의 유래

칠성신앙은 중국에서 시작되었다. 도교에서 북두칠성의 신앙 안에 도교적인 내용을 담아냈고, 그것이 우리나라에 들어와 북두칠성을 신성시하는 신앙으로 굳어졌다. 칠성신앙은 고구려 시대부터 조선 시대, 심지어 지금까지도 이어지고 있다. 어느 정도로 우리 정신세계와 밀접한가 하면 경복궁 근정전에 있는 그림에서도 그 흔적이 묻어난다. 근정전의 그림은 임금을 북극성으로 비유하고, 좌우로 일광, 월광이 보필하며, 그 주위를 일곱 마리 용이 호위하고, 그 주변으로 스물여덟 명의 대신들이 호위하는 모습을 담고 있다. 이는 사찰의 칠성탱과 매우 흡사한 구성이다.

칠성님이 하는 일

그렇다면 칠성님은 어떤 역할을 할까? 첫 번째, 비를 많이 내리게 해 주는 역할을 한다. 우리나라에서 칠성님은 물을 상징한다. 시골 아낙네가 장독대에 정한수를 떠 놓고 기도할 때, 떠 놓은 물 자체가 칠성님을 상징하는 것이다.

두 번째, 칠성님은 수명을 관장한다. 특히 어린 아이들이 탈 없이 오래 살게 해 달라고 칠성님께 빈다. 수명을 관장한다 함은 생로병사의 모든 과정을 관장하는 것이나 다름없다고 옛 선조들은 생각했다. 하여 예전에는 칠성님께 공을 들이는 것으로 액막이를 했다. 아이가 태어날 때 탯줄이 목에 걸렸다든지

피가 유난히 많이 묻었다든지 하는 경우에는 칠성님께 공을 들이며 액막이를 했고, 사람이 죽었을 때는 관 바닥에 칠성판이라고 하는 것을 깔았다. 염을 해서 시신을 묶을 때 일곱 매듭으로 묶는 것 또한 칠성님을 상징한다. 지금도 누군가 죽으면 '돌아가셨다'라는 말을 쓴다. 우리 선조들은 '사람은 칠성님의 품에서 와, 이 세계에서 살다가 다시 칠성님의 품으로 돌아간다'고 믿었다. 인간이 처음 온 그 자리가 바로 칠성님의 품이라고 할 만큼, 칠성님이 우리의 생과 사를 관장하는 신령스러운 존재라고 생각했다.

칠성탱 보는 법

북두칠성은 북극성 주변을 돈다. 그래서 북극성을 상징하는 칠원성군이 가운데 있고 그 주변에 일곱 분의 보살님들이 있다. 불교에서는 여래가 칠원성군으로 화현하였다고 말한다. 칠성탱의 가운데 있는 치성광여래님이 바로 그분이다. 치성광여래라는 말을 풀이하면 어마어마한 빛이 나는 부처님이라는 뜻이다. 별 가운데 가장 빛나는 별은 북극성이다. 치성광여래님은 북극성을 상징한다. 중국에서는 북극성을 자미대제라고 하고, 인도에서는 묘견보살이라 한다.

해와 달이 치성광여래를 보위한다. 부처님의 관점에서 볼 때 왼쪽 어깨 위의 빨간 원이 일광보살, 즉 해를 상징하고, 오른쪽 어깨 위 하얀 원은 월광보살, 즉 달을 상징한다. 전통적으로 동양에서는 왼쪽을 더욱 상서롭게 여긴다. 하여 일광이 왼쪽이고, 월광이 오른쪽에 위치한다. 사족으로 부처님의 왼쪽, 오른쪽을 이야기할 때는 부처님을 바라보는 우리의 기준이 아니라 부처님을 기준으로 왼쪽과 오른쪽을 구분짓는다는 것을 알아두자.

나머지 스물여덟 분의 대신들은 28수 별자리를 상징한다. 북두칠성 주변의 스물여덟 개 별들이 북두칠성을 호위하는 것이다.

정초에 왜 칠성기도를 하나?

정초 칠성기도는 언제부터 행해졌을까? 문헌에 따르면 우리나라에서는 조선 시대까지 정월 음력 7일이 되면 마을에서 칠성제를 지냈다는 기록이 있다. 이러한 풍속은 현대까지 이어져 오고 있다. 시골 절에서 주지를 살던 경험에 비춰 보아도 그러하다. 시골 절의 나이 많은 신도분들은 일 년에 네 번 절에 오신다. 정초, 초파일, 칠석, 동짓날. 정초 때는 언제나 음력 7일에 오셔서 부적을 달라고 한다. 정초에 절에 와서 부적을 받아가는 민간의 풍습이 의미하는 바는 무엇일까? 따지고 보면 불교는 인도에서 건너와 우리나라에 정착한 외래종교다. 동시에 불교는 칠성신앙과 산신신앙이라는 우리의 민간 신앙을 수용하고 있다.

칠성신앙은 우리 선조들의 삶에 깊이 뿌리 내리고 있다.

▲ 칠성도(향림사 치성광여래 설법회도)
치성광여래와 북두칠성을 상징하는
일곱 부처를 중심으로 한 불화이다.
치성광여래의 정수리에서는
여러 줄기의 서기가 뻗어나가고,
양쪽으로는 칠성여래를 거느렸다.
하단에는 자미대제와 일광보살,
월광보살, 하단에는 칠원성군을 그렸다.

▲치성광여래불

칠성신앙에서 일 년 중 가장 중요한 날은 칠월 칠석이다. '럭키 세븐'이어서 그런 게 아니라, 동양에서는 북두칠성 혹은 칠성님과 연관해서 7을 길한 숫자라고 생각했다. 칠월 칠석은 날짜에 7이 두 개나 들어가니 엄청나게 길한 날이었다. 그다음으로 중요하게 생각한 것이 아무래도 일 년을 시작하는 정월의 7일이었다. 한 해를 열면서 우리 마을과 가족들의 무사 안녕을 바라는 마음을 담아 민초들에게 가장 친근한 칠성님에게 기도를 올린 것이다. 이렇게 마을공동체에서 이어져 온 풍습이 절 안으로 들어와 오늘날의 정초기도가 되었다.

칠성신앙과 산신신앙의 차이

그렇다면 '정초에 하는 기도가 산신기도일 수도 있지 않을까? 왜 굳이 칠성기도일까?' 라는 의문이 든다. 왜 산신님이 아니라 칠성님께 기도를 올렸을까?

칠성기도와 산신기도는 태생이 다르다. 밤에 장독대에 정한수를 떠놓고 간절하게 비는 것이 바로 칠성기도다. 정한수는 정화수를 잘못 사용한 표기로서, 곧 칠성님을 상징한다. 칠성님은 북두칠성을 가리키는 것이니 태양이 훤하게 비쳐서 별을 볼 수 없는 낮이 아니라 밤에 비는 것이 당연하다. 칠성기도는 장수를 기도의 핵심으로 삼는다. 반면 산신기도는 고려 시대까지만 해도 나라의 안녕을 기원하는 국가적 차원의 제사가 중심이었다. 그러니 일반 민중들에게는 생명을 관장하는 칠성님이 자연히 더 가깝게 느껴졌을 것이다. 특히나 옛날에는 영유아 사망률이 높았기에 아이가 건강하게 자라기를 칠성님께 기도했고, 전쟁에 나간 남편이 살아 돌아오게 해달라고 또 칠성님께 기도했다.

또한 불교에서는 칠성신앙을 받아들이면서 완벽하게 불교화시켰다. 북극성을 치성광여래라 칭하고 좌우에서 해와 달을 상징하는 일광보살과 월광보살이 치성광여래를 보좌하도록 했다. 뿐만 아니라 북두칠성 역시 이 세 불보살님을 옹호하면서 우리들을 보살피는 일곱 분의 여래로 표현했다. 그 외에 28명의 중요한 대신들이 있다. 반면 산신님은 산마다 저마다 각기 다른 고유한 산신님이 계시니 불교화할 수 없는 문제가 있다. 오히려 대웅전에 모셔진 신중님들이 도량을 옹호하는 역할을 하듯, 산신님은 그 산을 지키면서 산에 깃들은 불보살님을 옹호하는 역할로 재해석되는 경향이 있다.

고대 이집트 문명에서는 태양을 숭배했다. 파라오가 곧 왕이자 태양신이었다. 태양은 하늘에서 가장 빛나는 존재다. 유대교, 이슬람교, 기독교를 통칭한 아브라함 종교 계통에서도 하늘을 신성시한다. 여호와 하나님이 계신 곳이 바로 하늘이다. 아브라함 종교도 하늘을 숭배하는 데에서 출발해 하나의 종교가 되었다. 인도의 인더스 문명도 마찬가지이다. 부처님이 불교를 창시하기 전 인도 사회는 바라문교(힌두교)가 지배하고 있었다. 바라문교는 제사 의식을 매우 중요하게 생각했다. 하늘에서 선신과 악신이 싸우는데, 인간들이 공양물을 태워서 그 연기가 하늘로 올라가면 하늘의 선신에게 공양물이 닿는다고 믿은 것이다. 그러면 인간의 공양을 받은 선신이 악신을 이겨서 인간들 세상이 살기 편하게 된다고 믿었다.

중국의 황하 문명에서도 하늘을 숭배한 흔적이 있다. 지금으로부터 3,000년 전, 우리나라로 치면 고조선 시대에 중국에서는 아주 정교한 청동 향로를 만들어 하늘에 제사 지내는 데 사용했다. 중국의 황제는 '천자(天子)', 즉 하늘에 제사를 지낼 수 있는 유일한 사람이었다. 중국과 우리나라의 역사적 관계를 되짚어 보아도 이런 점을 알 수 있다. 우리나라도 고려 시대까지만 해도 왕이 직접 나서 하늘에 제사를 지냈다. 강화도의 마니산, 강원도 태백산 같은 곳에서 하늘에 제사를 지냈다. 태조 왕건은 전국의 명산 10곳을 정해 매년 제사 지낼 것을 당부했다. 이런 전통은 조선 초기의 왕실까지 이어졌다. 그러나 조선 사대부들은 공자의 성리학을 숭상하면서 '오직 중국의 황제만이 제사를 지낼 수 있다. 우리 같은 속국에서 하늘의 제사를 지낼 수는 없다'는 상소를 끊이지 않고 올려, 태종 때에 이르러 우리의 제단이었던 환구단(圜丘壇)이 사라졌다. 이렇게 없어진 환구단은 조선을 대한 제국이라 칭하고 스스로를 황제라 칭한 고종에 이르러 다시 부활했다. 지금의 조선 호텔에 있는 환구단이 바로 그것이다.

이렇게 인류의 많은 문명에서 하늘을 숭배했다. 산신신앙은 이와 밀접한 관련이 있다. 특히 우리나라는 산이 많아서 하늘 숭배와 산을 숭배하는 것이 더욱더 밀접하게 연관되어 있다. 산이 하늘과 가깝기 때문에 숭배의 대상으로 여긴 것이다.

고려 시대까지 산신제는 일반 백성이 아닌 국가적 차원에서 지배세력이 주체가 되어 지냈다. 그러나 조선 중기 이후, 임진왜란과 병자호란을 거치며 조선의 사회 시스템이 취약해짐에 따라 산신신앙은 지배층의 영역에서 민간의 영역으로 퍼져갔다. 전쟁과 기아에 시달리던 백성들은 기댈 곳이 필요했다. 이때부터 본격적으로 민간에서 산신님을 찾기 시작했다. 사찰은 절 안에 산신각을 지어서 백성들에게 기도를 할 명분과 공간을 제공했다. 이렇듯 산신신앙은 조선 중기 이후부터 본격적으로 민간 신앙으로 자리 잡았다.

우리나라는 산이 많아서
하늘 숭배와 산을
숭배하는 것이 더욱더
밀접하게 연관되어 있다.

▶ 증심사 산신도

삼재기도:
부적은 희망이다

나는 정초기도, 삼재기도를 하던 시기에 처음 시골 절의 주지로 부임했다. 법회 날이 되자 동네 어르신들이 부적을 써 달라고 찾아왔다. 큰절에서는 그런 일이 없기도 했거니와 내가 무당도 아닌데 부적을 달라고 하니 참 황당했다. 그래도 시골 어르신들이 요청하는 바이니 여기저기 수소문해서 준비했다. 몇 년 동안 그렇게 부적을 나눠드리기는 했지만, 여전히 '부적은 미신이다'라는 생각이 있어 마음이 편치만은 않았다.

증심사에 오니까 정초기도에 아주 많은 신도분들이 오시는데, 부적을 써 달라는 분이 없다. 대신 증심사에서는 새해 복돈과 함께 자그마하게 인쇄한 부적을 같이 드린다. 요즘 같은 세상에 돈 오천 원이 없어서 이 추운 날 무등산 중턱까지 올라오는 분이 있을까? 당연히 없을 것이다. 그래서 생각했다. '복돈의 액수보다는 스님이 주는 의미 있는 돈, 그리고 그 자그마한 부적을 받기 위해서 오시는구나', '어느 절 할 것 없이 정초가 되면 부적을 찾는구나'라고 말이다. 과연 부적이 무엇이기에 이 추운 겨울에 사람들을 절로 불러들이는 것일까? 결론부터 말하자면 부적은 희망이다.

부적이 무엇인지 정확하게 알기 위해 우선 기도와 부적이 어떻게 다른지 알아보자. 기도는 제대로 하든, 잘못하든 어찌되었든지 간에 열심히 하는 것이다. 제대로 하면 수행이 되는 것이고, 잘못하면 헛고생하는 것이다. "지혜가 없는 자는 동쪽으로 가고자 하면서 서쪽을 향해 간다."는 원효 스님의 말씀처럼, 아무리 열심히 해도 어리석은 마음으로 잘못한다면 원하는 바를 얻을 수 없다. 어쨌든 기도는 열심히 하는 것이다. 그러나 부적은 열심히 할 필요가 없다. 그냥 절에 가서 스님에게 '주세요' 하면 된다. 정초 때 절에 와서 받기만 하면 된다. 이것이 기도와 부적의 차이라면 차이이다.

한편 흔히 노력을 하려면 기도를 하지 말고 실천을 하라고 한다. 시험에 합격하기 위해서는 열심히 공부를 해야 한다. 실제로 생산적인 노동을 해야 하는 것이 맞다. 러시아의 대문호인 막심 고리키(1868~1936)는 "대지와 인간에게 필요한 것은 기도가 아니라 노동이다."라는 말을 했다. 맞는 말이다. 백날 기도만 한다고 해서 땅에서 나오는 것은 아무것도 없기 때문이다.

그러면 기도와 부적의 공통점은 무엇인가? 우리 사회의 현실을 돌아보면, 이유야 어찌 됐든 기울어진 운동장이다. 같은 조건에서 같은 노력을 해도 될 듯 말 듯한데 이미 출발선부터 다르다. 불평등한 조건에서는 아무리 노력해도 노력한 만큼의 결과가 보장되지 않는다. 100의 노력을 했을 때 100의 결과를 얻을 수만 있다면, 아무도 부적 같은 것을 찾지 않을 것이다. 설령 1,000의 노력을 한다 해도 100을 얻는다는 보장이 없는 게 우리네 현실이다. 그러니까 사람들은 확실한 무언가를 찾는다. 그중 하나가 부적이고 기도이다.

그럼에도 불구하고 부적은 희망이라고 주장하는 이유는 무엇인가?

소원(所願)은 바 소(所)에 원할 원(願)을 쓴다. 즉 소원은 한 번만 바라는 것이다. 반면 희망(希望)은 바랄 희(希), 바랄 망(望)이다. 바라고 또 바란다. 희망은 소원의 곱빼기이다. 바라고 또 바라기 때문에 배로 강렬한 것이다. 소원은 그냥 내가 바라는 바, 즉 내가 무엇을 하고 싶다는 의미이다. 예를 들면 오늘 저녁에 탕수육이 먹고 싶다고 생각하는 것은 소원이다. 그런데 희망은 바라고 또 바라기 때문에 그 안에 힘이 생긴다. 예를 들어 '너는 우리 집안의 소원이야'라고 말하는 사람은 없다. 대신 '너는 우리 집안의 희망이야'라고 말한다. 이 말 안에는 '너는 우리의 유일한 버팀목이기 때문에 출세해서 집안을 일으켜야 한다'는 의미가 담겨 있다. 바라는 바가 응축되고 응축되어 힘이 생기는 것이다. 희망은 우리에게 힘을 주는 것이다. 소원과 희망에는 이런 차이가 있다.

우리 인간에게는 마음속에 있는 생각을 밖으로 형상화시키는 능력이 있다. 예를 들면 일을 하다가 힘들 때 지갑에 있는 가족사진을 보면 힘이 난다. 왜일까? 내가 일을 하는 이유는 내 자식들을 행복하게 해 주기 위해서다. 나의 소원은 우리 가정의 행복이며, 이 소원이 이미지화된 것이 바로 가족사진이다. 가족사진을 보면 우리 가족들을 어떻게든 행복하게 해 주고 싶다는 마음이 생기기에 힘이 나는 것이다.

왜 인간은 희망을 형상화시킬까? 사람의 마음이 수시로 변하기 때문이다. 희망도 마찬가지다. 내 마음속의 희망이 항상 크고 강렬하지만은 않다. 때문에 내 마음 밖에 희망을 형상화 시켜 놓는 것이다. 즉 내 안의 희망을 그대로 사진에 심어 놓는 것이다. 내 마음속의 희망이 이런저런 이유로 희미해지고 사라졌을 때 내 마음 밖에 만들어 놓은 희망을 보고 다시 힘을 내는 것이다. 부적은 우리 안의 희망이 밖으로 형상화된 것이다.

늙으신 노모가 무사고를 희망하며 자식에게 부적을 주었다고 하자. 자식은 내키지 않지만 노모의 당부 때문에 자동차의 백미러에 부적을 걸어두고 운전을 한다. 자식에게 그 부적은 안전 운전을 바라는 늙으신 어머니의 간절한 희망이나 마찬가지이다. 졸음운전을 하다가도 노모의 부적을 보면 '우리 어머니를 생각해서라도 졸면 안 되지!'라고 정신을 차릴 것이다. 결코 단순한 부적이 아니다. 물론 부적 같은 건 미신일 뿐이라고 치부할 수 있다. 그러나 부적에 녹아든 희망을 결코 부정해서는 안 된다. 희망은 의지의 산실이자 실천의 원동력이다. 요행을 바라는 마음으로 부적에 기대기만 한다면, 부적은 한낱 미신에 불과할 뿐이다. 그러나 나의 희망을 형상화하는 도구로 적극 활용한다면 부적은 분명 나에게 힘을 줄 것이다.

소원이 강하면 희망이 되고, 희망이 강하면 힘이 생긴다. 힘이 생기면 무언가를 하고자 하는 의지가 생기고, 의지가 강해지면 누가 하지 말라고 해도 하게 된다. 소원을 이루려면 무언가를 해야 한다. 감나무 밑에 입을 벌리고 누워서 '감이 먹고 싶어요'라고 아무리 기도해도 감을 먹을 수 없다. 감을 먹기 위해서는 일어나서 감을 따야 한다.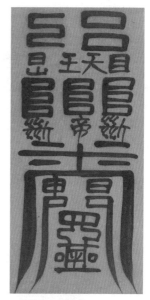
이때 감을 따기 위해서 나무에 무
작정 올라갔다가는 낭패를 보기
십상이다. 현명하게 도구를 이용
하고 여럿이 협동해야 한다.

　공들이는 마음으로 기도만 하
는 것은 감나무에 무작정 올라가
려는 것과 같다. 희망을 가지고 의
지를 세워서 올바른 생각을 가지
고 실천해야 한다. 기도는 무작정
하는 것이 아니라 수행하는 마음
으로 해야 한다. 이것이 바로 진정

▲ 삼재기도 회향 후
　나눠주는 삼재부적

한 소원 성취의 길이다.

　그래서 기도든 부적이든 반드시 참회하고 공덕을 쌓는 실
천과 결부되어야 온전하게 힘을 발휘할 수 있다.

동지기도:
절에서 동지기도를
왜 할까?

왜 사회에서는 거의 사라진 동지를
절에서는 꼭 챙기는 것일까?

동지(冬至)는 일 년 중 밤이 가장 길고 낮이 가장 짧은 날이다. 낮이 가장 짧다는 말은 태양이 이제 막 태어났음을 의미한다. 모든 세상을 비추는 태양, 즉 양의 기운이 태어나는 새로운 시작의 날인 것이다. 동시에 동지는 음의 기운, 삿된 기운이 가장 강한 날이기도 하다. 이러한 삿된 기운을 물리치자는 의미가 동지에 포함되어 있다.

팥죽은 붉은색이다. 전통적으로 붉은색은 악귀를 물리치는 힘이 있다고 여겨졌다. 멀리 갈 것도 없이 반세기 전까지만 해도 집집마다 동지가 되면 팥죽을 쑤어 벽에다 뿌려서 온갖 삿된 기운이 집안에 발을 들이지 못하도록 했다. 절집에서는 지금도 동지가 되면 각 전각과 처소마다 동지 마지(摩旨)를 올리고 있다. 이렇듯 우리 선조들은 삿된 기운이 가장 강한 동지에 이런 기운을 몰아내는 것을 동지의 첫 번째 과업으로 여겼다.

또한 동지가 되면 각 사찰에서 달력을 나눠 준다. 이는 고려 시대부터 내려오는 전통이다. 지금이야 누구나 달력을 보지만, 과거에 달력은 임금이 하사하는 것으로 사대부와 지식인들만 볼 수 있는 귀한 것이었다. 이러한 오래된 전통을 따라 오늘날에도 절에서는 동지가 되면 달력을 배포하는 것이다.

삿된 기운을 몰아내는 동지는 매우 중요한 세시 풍속이었다. 그러나 현대 사회에서 동지의 존재감은 희미해진 지 오래

불교와 민간 신앙

다. 그럼에도 왜 절에서는 동지를 일 년 중 중요한 행사로 여기는 것일까?

'절에서만' 동지를 챙기는 것으로 보이는 첫 번째 이유는 사회에서 더 이상 동지를 챙기지 않기 때문이다. 이는 파란만장했던 우리나라의 근대사와도 궤를 같이한다. 20세기 초 우리나라는 일제의 침탈을 받아 일본의 식민지가 되었다. 이 과정에서 많은 고유 풍습이 사라졌다. 이후 한국 전쟁으로 온 백성들이 집도 절도 없이 떠돌았고, 한반도에 미군이 주둔한 이후에는 모든 것이 미국식으로 급격하게 변화했다. 그리고 1980년대 초반까지 그저 먹고 사는 일이 바빴기에 동지, 단오, 칠석 같은 세시 풍속은 뒷전이 되었다. 더구나 급격한 산업화로 인하여 농촌 공동체는 해체의 길을 걸었고, 가족 구성도 대가족에서 핵가족으로, 급기야 최근 들어 1인 가구가 대세가 되면서 공동체와 집안의 어른들로부터 내려오던 문화는 단절될 수밖에 없었다.

두 번째, 사회와 달리 사찰은 지금도 여전히 공동체를 유지하고 있기 때문이다. 부처님께서는 '도반이 전부다'라고 말씀하셨다. 수행을 할 때는 대중과 함께 수행해야 한다. 부처님을 따르는 제자들은 2,500년 전부터 지금까지 무리를 이루어 수행하며 살아왔다. 현대 사회에서 전통적인 마을 공동체가 사라지는 동안에도 절에서는 여전히 수행을 위한 공동체가 유지되어 왔다. 때가 되면 어른 스님께서 챙겨야 할 바를 일러 주는 대중 살림을 하다 보니 자연스럽게 전통문화가 아직까지 남아 있게 된 것이다.

세 번째, 동지 역시 불교적으로 재해석하여 적극적인 의미를 부여하였기 때문이다.

절에서 지내는 동지는 일반 사회에서 지내는 것과 사뭇 다르다. 팥죽만 먹고 끝나는 것이 아니라 동지불공을 올린다. 사찰에서는 동지를 민족의 전통문화로서만 단순하게 받아들인 것이 아니라 불교식으로 재해석하여 의미를 부여하였다. 우리 선조들이 동지를 챙긴 이유는 사악한 기운이 들어오지 못하게 막아 집안에 나쁜 일이 일어나지 않기를 바라는 마음 때문이었다. 하지만 불자들은 붉은색 팥죽의 기운을 빌리는 것보다 관세음보살님께 요청하는 것이 더 확실하다고 여겼을 것이다. 불자로서 동지를 맞이하여 평소보다 더 정성스럽게 가족과 사회의 안녕을 불보살님에게 기원하는 것은 어찌 보면 지극히 자연스러운 모습이다. 동지라는 세시 풍속이 불교를 통해 그 의미가 더욱 커지게 된 것이다.

선조들은 팥의 붉은색이 삿된 기운을 막아 준다고 철석같이 믿었다. 나에게는 아주 오래되었지만 매우 선명한 기억이 하나 있다. 지금도 마치 사진을 찍은 듯 선명하게 마음속에 각인되어 있는 기억이다. 내가 국민학교에도 들어가기 전이었으니 아주 어릴 적이었다. 당시 우리 집은 부산 시내의 천변에 위치한 허름한 가옥이었다.

당시 대부분의 집이 그러했지만, 벽은 시멘트만 겨우 발랐고, 당연히 마당이랄 것도 없었다. 아마 동지였을 것이다. 할머니는 평생 비녀를 꽂고 사신 전형적인 옛날 분으로, 마치 사극에서 시장판의 평민들이 입는 것 같은 허름한 한복을 입고 계셨다. 할머니는 팥죽 한 사발을 거침없이 벽에다 뿌렸다. 그렇게 두어 차례를 더 벽에다 팥죽을 뿌렸다. 마치 핏자국처럼 선명한 붉은색의 팥죽이 거친 연회색의 시멘트 벽 위에 흩뿌려졌다. 나는 뒤에서 이 모습을 지켜보았다. 할머니의 뒷모습은 어떤 적도 용납하지 않겠다는 장수의 기운을 강하게 뿜어내고 있었다.

내가 보았던 할머니의 엄청난 에너지는 필시 동지 팥죽에 대한 확고한 믿음에서 나왔을 것이다. 아주 오래된 옛날 이야기 같지만 불과 50여 년 전 일이다. 그러나 지금은 누구도 동지 팥죽에 그런 엄청난 의미를 부여하지 않는다. 기껏해야 마트나 편의점에서 즉석 단팥죽을 사서 먹는 정도로 동지를 기억한다. 사회가 변하면서 사람들의 의식도 변하고, 동지의 의미도 퇴색해 버린 것이다. 그러나 사찰에서는 동지의 의미를 불교의 신앙으로 견고하게 만들었기 때문에 불교 신행생활의 하나로 자리 잡게 되었다. 그래서 설령 세상이 변하더라도 불교와 불교의 공동체가 사라지지 않는 한 불교에서는 여전히 동지의 의미를 새길 것이다.

동지기도, 정초기도, 칠월칠석기도 모두 불교와 상관이 없다. 그러나 이런 중요한 세시 풍속을 맞아 불보살님을 대하는 마음 자세를 내 안에서 한층 더 키워 나가면 그것이 바로 부처님의 가르침을 실천하는 길이 된다. 절에서 단순히 팥죽을 먹는 것에 그치지 않고 부처님께 불공을 드리는 동지기도를 하는 이유가 여기에 있다.

　단순히 불교와 아무런 상관없는 세시 풍속이니 굳이 절에서 챙길 필요 없다고 폄하하기 전에, 신행생활을 펼치는 장으로 삼아야 할 것이다.

동지 울력이 중요한 이유

동지 전날이면 동지 울력을 한다. 인형 눈 붙이는 것처럼 동지 옹심이(새알심) 하나에 1원씩 주는 것도 아니고, 팀별로 대항하는 것도 아닌데 동지 울력에 참여하는 신도님들이 시종일관 화기애애하게 옹심이를 빚는 모습은 정말 보기 좋다. 동지 울력은 부처님과 우리 절 신도들에게 공양을 올리기 위함이지만, 실은 울력하는 내내 일하는 그 자체가 즐거운 행위다. 사심 없이, 뚜렷한 목적의식 없이 그냥 함께 모여서 일하는 것 자체가 행복한 경험이다.

　선업을 행한다는 것은 다른 것이 아니다. 일을 할 때 즐거운 마음으로 사심 없이 행복하게 일을 하면 그것이 나에게 좋은 과보로 쌓이게 된다. 부처님께서는 이것을 공덕을 쌓는 일이라고 이야기했다.

동지라는 세시 풍속이
불교를 통해
그 의미가 더욱 커지게
된 것이다.

▶ 동짓날 대웅전에 팥죽 마지를 올리는 스님의 뒷모습

부처님께서 생전에 재가 불자들에게 법문을 할 때 가장 강조한 것이 바로 공덕을 쌓으라는 것이었다. 공덕을 쌓는다는 것은 덕을 저장하되 다른 곳이 아니라 내 마음에 저장하는 것이다. 어려운 말로는 아뢰야식(阿賴耶識)이라는 깊은 마음속에 저장되는 것이기에 스스로 즐거운 마음으로 복을 지으면 나에게 공덕이 된다.

요즘 세상에 이 도시 어느 곳에서 동지라고 사람들이 모여 웃고 대화를 나누면서 옹심이를 빚을까? 팥죽을 만들기는 번거로우니까 시켜 먹거나, 마트나 편의점에서 사 먹는 것이 오히려 현실적이다. 더구나 젊은 친구들은 팥죽을 나눠 줘도 맛이 없다고 사양하고 만다. 동지라고 팥죽을 배달시켜 먹는 사람이 행복할까? 모여 앉아 웃으면서 옹심이를 만드는 사람이 행복할까? 당연히 후자일 것이다. 굳이 종교나 철학 같은 고상한 이야기를 하지 않아도 누구나 그렇게 생각한다. 그러나 누구나 그렇게 실천하지는 못한다. 혼자 전화로 시켜 먹는 것이 일상인 세상이 되어 버렸기 때문이다.

이런 측면에서 동지라고 절에 모여 옹심이를 빚고 팥죽을 끓여 먹는 경험은 진정 소중한 경험이다. 부처님 당시에 '동지가 되면 불자들은 동지 팥죽을 많이 만들어서 주변에 나눠야 한다'고 말씀하시지는 않았지만, 지금 이 시대에 우리가 동지 울력을 하고 팥죽을 나누는 것은 일종의 봉사요, 불교식으로 말하면 보시이다. 이는 사찰이 신도들에게 봉사의 장을 제공하는, 이른바 사찰의 순기능이다. 몇십 년 전처럼, 혹은 낙후된 시골 마을의 노인정처럼 함께 명절을 치르고 팥죽을 만들어 먹는 모습은 근래에 보기 힘든 풍경이다. 그나마 사찰에서 더불어 사는 행복의 장을 제공한다고 보면, 사찰에서는 더없이 의미 있는 일을 하고 있는 것이다.

수행과 더불어 우리가 행복해지는 또 하나의 방법은 아무런 의도나 사심 없이 함께 모여서 즐겁게 일하는 것이다. 요즘 세상에서는 뭐든지 혼자서 다 할 수 있을 것 같지만 인간은 태생적으로 무리 지어서 살아왔다는 것을 잊지 말아야 한다. 요즘 세상에서는 돈만 있으면 행복을 살 수 있을 것 같지만 모든 행복을 다 살 수는 없다. 돈은 굳이 말하자면 갈증이 날 때 먹는 아이스크림과 같다. 목이 마를 때 설탕물을 먹으면 당장은 좋지만 나중엔 갈증이 더 심해지는 것처럼 종교적 갈증도 마찬가지다. 종교적 갈증으로 목이 마를 때 우리는 달콤한 아이스크림이 아니라 시원한 냉수를 마셔야 한다. 그런 냉수가 앞서 말한 두 가지다. 하나는 스스로 수행하는 것이고, 다른 하나는 사심 없이, 그리고 함께 모여서 즐겁게 봉사하는 것이다. 그러니 절에 안 나오는 것보다 나오는 것이 낫고, 또 절에 나와서도 가만히 앉아서 법문만 듣는 것보다 즐거운 마음으로 함께 뭔가를 하는 것이 공덕을 열 배는 더 쌓는 일이다.

▲ 동지 팥죽 만드는 모습, 청암사

불교와
기복신앙

풍습으로서의 기복신앙

풍습은 풍속과 습관을 칭하는 것으로, 한 사회에서 널리 통용되는 관행이나 관습 같은 것이다. 그러니까 여러 사람이 특정한 때가 되면 특정한 방식으로 특정한 곳에 가서 정해진 무언가를 하는 것이다. 설에 차례를 지내거나, 동지에 팥죽을 먹는 것이 그런 것이다. 넓게 보면 문화이다. 때가 되면 어딘가에 가서 공을 들여야 하고 그걸 안 하면 불안한 것 역시 일종의 풍습, 나아가 문화이다. 해마다 많은 분들이 정초기도 입재 날 굳이 증심사까지 찾아오는 것은 '정초기도를 해야 올 한해가 별탈 없이 지나갈 것 같다'는 막연하지만 뿌리 깊은 생각 때문이다. 이렇듯 문화는 알게 모르게 우리의 마음과 생활을 지배하고 있다.

문화로서의 풍습을 이야기할 때마다 떠오르는 분이 있다. 돌아가신 할머니이다. 어릴 적 기억 속 할머니는 방 한구석에 조그만 상을 펴서 물 한 그릇을 떠 놓고, 아침저녁으로 무언가를 열심히 빌었다. 지금 생각해보면 칠성님께 우리 자식 손주들 건강하고, 하는 일 잘 되기를 빌었던 것 같다. 그런데 무언가를 간절하게 원해서 빌었다기보다는 평생을 그렇게 해왔기 때문에 하지 않았나 싶다. 안 하면 왠지 불안한 마음이 드니까 마당도 장독대도 없는 도시에 살면서도 빼먹지 않고 챙겼던 것이 아닐까.

시골 어르신들 중에는 간혹 이런 이야기를 하는 분들이

계신다. "어려서 시집을 갔는데 시어머니가 틈만 나면 절에 가서 공을 들이더라. 젊을 때는 그걸 이해하지 못했어. 그런데 시어머니가 돌아가시고 내가 시어머니만큼 나이를 먹어 보니, 시어머니 하던 대로 내가 하고 있는 거야." 시어머니의 삶을 옆에서 지켜보다 보니, 자기도 모르게 그 삶에 익숙해진 것이다. 그래서 젊어서는 이해할 수 없었던 행동을 나이를 먹어서 하는 것이다.

우리 할머니 세대까지만 해도 칠성신앙이 일상에 깊게 뿌리 내렸었다. 그러나 지금은 상당히 희미해졌다. 과학 기술이 발달하고 사회 복지 수준이 높아지고 의료 기술이 좋아지면서 굳이 빌어야 할 이유가 별로 없다. 전만큼 절실하지 못한 것이다. 지금이 나쁘다는 말은 아니지만, 풍습과 문화가 우리 삶에 미치는 보이지 않는 힘을 부정할 수는 없다.

"칠성기도나 산신기도는 다 기복신앙입니다." 이렇게 말하면 맞는 말일까? 틀린 말일까? 맞는 말이다. '내가 빌 테니까 우리 자식 좀 잘 되게 해주세요.'라는 발상은 기복(祈福), 즉 복을 비는 것이 맞다. 그런데 조금 더 생각해보면, 기복이 거래는 아니다. 우리가 감히 치성광여래님이나 산신님하고 거래를 할 수 있을까? '내가 이만큼 기도할 테니 나에게 이만큼을 달라'는 게 가능한 일일까? 기도를 하는 것은 거래하는 것이 아니고 내 복을 쌓는 일이다. 내가 복을 많이 쌓아서 그 복으로 내 주변 사람들도 잘 되기를 바라는 것이다. 기복은 복을 쌓는 데에 의미가 있지 부처님하고 거래하는 것이 아니다.

기복의 유래

'기복신앙'이라 하면 부정적인 이미지가 먼저 떠오른다. 해방 이후 우리 사회가 급격하게 서구화되면서 과학 중심 경험주의와 합리주의를 따르다 보니 무당, 점, 굿, 기도, 기복신앙 등 민족의 정서나 전통, 정체성이 담긴 것들은 모두 시대에 뒤처진 것으로 평가 절하 당하는 경향이 있다. 우리는 불자로서 기복신앙을 냉정하게 이해해볼 필요가 있다.

　복 복(福) 자를 뜯어보면 신주(위패) 앞에서 술독을 바치고 따르는 모양을 하고 있다. 글자 자체가 제사 지내는 모습을 형상화했다. 언젠가 대만 국립고궁박물원에서 3,000년 된 엄청나게 큰 청동 단지를 본 적 있다. 제사에 쓰던 것이다. 일반 가정도 아니고 국가적인 차원에서 하늘에 지내는 제사이니 단지를 만드는 데에도 엄청난 공이 들어갔다. 공을 많이 들여야 하늘에서 원하는 바를 들어줄 것 아닌가. 옛날 중국에서는 제사를 지내는데 술을 올렸다. 술이 맛있어서 올린 것이 아니라 귀한 것이라 올린 것이다. 당장 먹을 쌀도 귀한데 그 귀한 쌀로 빚은 것이 술이니 얼마나 값진 것이겠는가. 아주 귀하게 여기는 술을 정성 들여 만든 단지에 담아 올리고 하늘이나 조상에게 비는 것이 고대 중국의 제사였다.

　복의 출발은 제사였다. 제사의 기본은 기복이다. 좋고 나쁜 것을 떠나서 인류 역사는 이런저런 것들을 이루게 해달라고 비는 데에서 시작했다. 중국이나 인도뿐만 아니라 4대 문명에서 공통적으로 그랬다.

고대인도의 바라문교와 사문 전통

2,500년 전 부처님이 인도에서 가르침을 펼 때, 당시 인도 사회를 주도하던 기존 종교는 바라문교였다. 당시 인도를 지배하던 바라문교는 단순한 종교를 넘어 문화였고 인도인들의 삶 그 자체였다. 바라문교는 제사를 중시했다. 제사를 중시한 끝에 미워하는 사람을 저주하는 제사, 아들을 낳게 해 주는 제사 등 모든 것을 제사로 해결하려는 제사 만능주의로까지 치닫게 되었다. 당연히 각각의 제사 방식은 서로 다를뿐더러 복잡하고 섬세했다. 그래서 제사는 아무나 할 수 없는 복잡하고 어려운 일이었다. 자연스럽게 바라문교에서는 제사를 집행하는 사람이 더 많은 권력과 더 많은 노하우를 가지게 되었다.

바라문교의 기본 사고방식은 공양물을 태워 연기를 하늘로 보내 악신과 싸우는 선신을 응원하고, 선신이 악신에게 이겨서 사람들에게 이익을 돌려준다는 것이다. 내가 선신에게 공양물을 올리면서 '올해 홍수가 안 나고 농사가 잘되게 해 주세요.'라고 빌면, 선신이 공양물을 받아서 힘을 내 악신을 물리치고 그 결과 공양물의 대가로 농사가 잘되게 해 주는 것이다.

부처님은 제사 만능주의에 빠져 있던 바라문교를 비판하

였다. 당시 부처님만 지나친 형식에 빠진 바라문교를 비판했는가 하면 그렇지 않다. 부처님은 인도 동북부 지역에서 기존의 전통을 부정하고 비판하고 일어난 사문(수행자) 무리 중 한 사람이었다. 육사외도(六師外道)라고 경전에 기록된 이들 사문들은 제사를 지낸다고 해서 우리가 원하는 것을 얻을 수 없다고 주장했다. 대신 우리가 원하는 궁극적인 행복은 스스로 노력해서 찾아야 한다고 주장했다. 즉 해탈을 통해서만 궁극적인 행복을 얻을 수 있다고 했다.

해탈을 추구한 것은 사문들에게 공통적이었지만 어떻게 하면 해탈에 이를 수 있는가 하는 방법론은 모두 달랐다. 불교는 특별히 열반이라는 용어를 사용한다. 해탈과 열반은 엄연히 다른 의미를 가지고 있다. 해탈은 윤회의 사슬에서 완전히 벗어나는 것이고, 열반은 번뇌의 불씨를 완전히 꺼버리는 것을 말한다. 사문의 무리들이 추구한 것은 기복이 아니라 해탈이었다. 이들은 제사를 지내서 행복을 받는 것이 아니라 수행을 통해서 궁극적인 행복에 다다를 수 있다고 믿었다. 어떤 수행을 할 것인가에 대해서는 의견이 제각각이었다. 그 중 고타마 싯다르타라는 수행자가 주장한 방법이 가장 진리에 일치했기에 2,500년이 흐른 지금까지 전해 내려오고 있다.

인도뿐만 아니라 중국에서도 기복신앙을 비판하는 움직임이 있었다. 제자백가 시대의 사상가인 순자는 이런 말을 했다. "근심을 없앨 수 있으면 그것이 바로 복이다." 복이라는 것이 제사를 지내고 열심히 빌어서 얻을 수 있는 것이 아니라 내 마음에 근심이 사라지면 그게 바로 복이라는 말이다. 근심은 지나친 욕심에서 오니 욕심만 내지 않으면 복은 저절로 들어온다는 주장이다. 즉 복을 빌 것이 아니라 마음을 닦아야 함을 강조했다. 고대 인도의 사문들의 주장과 비슷한 맥락이다.

부처님 시대의 수행자와 재가자

부처님 당시 인도의 사문들은 하루종일 수행만 했다. 왜? 수행을 통해 해탈에 이를 수 있기 때문이다. 지금이야 사는 게 편하다. 젊어서 부지런히 살다 보면, 나이 먹어서 연금도 나온다. 부모를 잘 만나면 젊어서부터 먹고 놀아도 아무 문제 없다. 그런데 2,500년 전에는 하루종일 일해야 겨우 입에 풀칠할 수 있었을 것이다. 지금과 비교하자면 당시의 생산력은 보잘것없었기 때문이다. 그런데 수행자랍시고 농사도 안 짓고 돈 한 푼 벌지 않고 수행만 한다는 것은 일견 자기의 책임을 방기하는 것이었다. 하다못해 바라문교의 바라문 계급조차도 가장으로서의 책임을 다한 후에야 출가수행을 할 수 있었다. 그런데 사문들은 가족에 대한 의무를 다하지 않았는데도 출가를 했다. 당시 인도에서는 볼 수 없는 모습이었다. 그러니 사문들은 가족이나 세상과 인연을 완전히 끊고 수행만 하겠다는 결연한 의지를 확실하게 보여주어야만 했다. 출가자와 재가자가 확실하게 구분되어야 했다. 실제로 부처님도 자신의 아들, 어머니 등 친인척들에게 적극적으로 출가를 권하기도 했다. 오죽하면 부처님의 아버지인 정반왕이 부처님께 젊은이들이 너도나도 출가해버려 석가족의 씨앗이 말라버릴까 걱정되니 석가족 젊은이들의 출가를 자제시켜줄 것을 부탁까지 했을까.

당시 사문들에게 삭발은 '우리는 수행자다.'라는 것을 확실하게 드러내는 징표였다. 인도에서는 부모님이 돌아가시면 남자의 경우 삭발을 하는 풍습이 있다고 한다. 그런데 부모님이 살아 있는데 머리를 깎았다는 것은 '나에게 부모님은 죽은 사람과 같다.'는 표현이다. 즉 가족과의 인연을 완전히 끊었다는 의사표현인 셈이다. 사문이라고 반드시 머리를 깎아야 하는 것은 아니었지만, 머리를 깎는 것은 사문의 강력한 수행 의지를 표현하는 하나의 수단이었다.

부처님이 활동했던 2,500년 전에는 생계와 수행을 겸하는 것이 불가능했다. 수행자가 전업 수행을 하기 위해서는 확실하게 세상과 선을 그어야만 했다. 수행자는 일을 하지 않고 오로지 수행만 하는 사람이었기 때문에 당당하게 구걸할 수 있었다. 지금도 남방불교에서는 스님들이 탁발을 한다. 수행자는 평생 수행만 해야 하기 때문에 당당하게 음식을 받아서 먹는 것이다.

불교에서 흔히 '비구는 복전(福田)'이라는 말을 쓴다. 스님들에게 공양을 올리면 복을 짓는다는 의미이다. 불교에서는 여덟 가지의 복전을 말한다. 1. 우물을 파는 일 2. 물가에 다리를 놓는 일 3. 험한 길을 잘 닦는 일 4. 부모에게 효도하는 일 5. 스님에게 공양하는 일 6. 병든 사람을 간호하는 일 7. 재난을 당한 이를 구제하는 일 8. 무차대회(無遮大會)를 열어 외로운 덕을 제도하는 일.

팔복(八福)이 의미하는 것은 누구인지 따지지 않고, 무엇인지 따지지 않고 주변 사람들을 위해서 무주상보시를 하는 것이다. 불교에서 기복은 복을 비는 것이 아니라 복을 쌓는 것, 복을 짓는 것이다.

출가자 중심 수행 시스템,
재가자 중심 신앙생활

현대의 재가자들은 기복신앙을 어떻게 수용하고 행해야 하는가? 과거에 비하면 우리 시대는 먹고 사는 일이나 경제적인 부분에서 상당히 자유롭다. 사회가 전반적으로 풍요로워졌다. 수행을 하기 위해서 명확한 결단을 내려야 할 필요가 없다. 재가자로서 생계를 유지하면서도 수행할 수 있는 여건이 상당히 갖추어져 있다. 이것이 2,500년 전과 지금의 눈에 띄는 차이이다. 혹자는 반문한다. 현대인들이 오히려 예전 사람들보다 더 바쁘다고 말이다. 그러나 우리가 바쁜 것은 '더 많이' 보고, '더 많이' 듣고, '더 많이' 쓰기 위해서, '더 많이' 벌기 위해서 바쁠 뿐이다. 생존을 위해서 지금처럼 이렇게 바쁜 것은 아니다. 현대인은 스스로를 착취한다는 주장까지 나올 정도다.

2,500년 전 수행 환경과 지금의 수행 환경이 다르듯, 2,500년 전 기복신앙과 지금의 기복신앙 역시 그 성격이 다르다. 현대 사회는 부처님 당시와 달리 천재지변과 각종 재해 그리고 질병 같은 불가항력적인 것들로부터 인간들을 지켜주는 힘이 훨씬 더 탁월하다. 단순하게 말해서 부처님 당시의 인간들이 강력한 자연 앞에서 그저 머리 조아리고 빌 수밖에 없던 나약한 존재였다면, 현대의 인간은 자연으로부터 스스로를 지킬 수 있는 힘을 키웠다. 그러므로 과거의 기복신앙을 바라보는 시선으로 현대의 기복신앙을 보아서는 곤란하다. 오히려 현대의 기복신앙은 자연 앞에서 초라하기만 한 존재로서의 인간보다는, 욕심에 끌려다니고 이기심에 갇혀 버린 병든 존재로서의 인간에 더 초점을 맞추어야 한다.

이기심에 갇힌 자비심

강원에 다닐 적에 방학을 맞아서 출가 전에 일하던 대장경연구소에 인사를 드리러 간 일이 있었다. 직원들과 이런저런 근황을 나누다가 출가 전에 같이 일했던 똑똑한 친구가 미국으로 시집을 가서 곧 출산을 한다는 소식을 들었다. 큰절로 다시 돌아와 새벽예불을 하다가 그 친구 생각이 다시 났다. 그 친구는 한문을 전공해서 박사 학위까지 받았는데 전공을 살리지 않고 남편을 따라 미국에 갔다. 게다가 한인도 별로 없는 동네에 산다고 하니 측은한 마음이 들었다. 나도 모르게 간절한 마음으

불교에서 기복은
복을 비는 것이 아니라
복을 쌓는 것,
복을 짓는 것이다.

▶ 법주사 금강문

로 그 친구가 건강하게 순산하기를 기도했다.

그렇게 멀리 있는 친구를 위해서 기도에 열중하고 있는데 모기가 웽웽거리더니 나를 물었다. 모기에 물리니까 순간적으로 짜증이 확 났다. '내가 이렇게 열심히 기도를 하고 있는데 이 놈이 분위기를 다 깨네.' 순간적으로 화가 많이 나서 모기를 확 잡을 뻔했다. 정말 모순이다. 저 멀리 미국에서 아이를 출산하는 친구에 대해서는 간절하게 무운을 비는데, 당장 내 옆에 있는 모기의 생사에 대해서는 함부로 대할 수 있다는 것이 말이다. 모기가 왜 피를 빨아 먹는가? 암컷들이 새끼를 낳기 위해서는 영양분을 섭취해야 하기 때문이다. '자식을 낳는다'는 것은 똑같은데 그것을 대하는 나의 마음은 완전히 달랐다.

왜일까? 이기심에 발목을 잡힌 자비심이어서 그렇다. 내가 아는 이들을 위해서 기도하고 그들이 잘되기를 바라는 마음은 자비심이다. 그런데 이 자비심은 내가 아는 사람에게만 통용된다. 내 자식, 내 남편, 내 가족에게만 해당된다. 심지어 시험 합격을 빌 때는 남의 자식은 떨어지고 내 자식만 합격하기를 바라기도 한다. 이렇게 우리 안에 있는 자비심은 별다른 노력을 하지 않으면 항상 이기심에 갇혀 있다. 욕심에 갇혀 있다.

수행의 관점으로 기복신앙을 수용하자

정초 칠일기도는 우리나라 불교의 대표적인 기복신앙이다. 하루에 한두 시간씩 『천수경』도 독송하고 축원도 한다. 이런 기도를 통해서 우리가 비는 것은 내 가족의 무사 안녕이다. 정초 기도가 끝날 무렵 스님이 축원을 하면서 누군지 모를 사람의 이름을 한참 동안 호명한다. 정초기도에 동참한 분들이다. 이때, 마음속으로 스님이 호명하는 사람이 건강하고 행복하기를 발원해보자. 기도나 정근을 할 때 누군지 모르는 사람을 위해서 축원을 해보자. 이기심이 아니라 순수한 자비심을 내보자.

이렇게 순수한 자비심으로 축원할 수 있다면 이것이 곧 자비심을 키우는 수행이다. 우리들을 이기심과 욕심의 족쇄로부터 벗어나게 하는 길이다. 이런 마음으로 정초기도를 하면 겉으로 보기에는 종교적인 의식이고 기복신앙이지만 안으로는 나의 수행이며 해탈로 가는 길이 된다. 따로 시간을 내서 수행을 하지 않더라도 가족과 이웃의 무사 안녕을 비는 기도가 곧 수행이 된다. 나를 버리고 남을 위해 나의 정성과 시간을 바칠 때, 오히려 진정하게 나를 위한 수행이 된다.

이런 이유로 기복신앙은 수행으로 나아가는 아주 훌륭한 디딤돌이다. 단지 빌기만 하는 데서 머문다면 개인적인 욕심의 한계를 넘지 못하지만, 이기심의 틀을 깨트린다면 이보다 더 좋은 수행이 없다. 개인적인 내면의 평화만을 위하는 명상보다 더 가치 있는 수행이다.

또 한 가지가 더 있다. 불교는 자비의 종교가 아니다. 불교는 지혜와 자비의 종교이다. 자비심만 내는 것으로 끝나서는 안 된다. 내 마음에서 지금 내가 무엇을 하고 있는지를 놓치지 않고 관찰해야 한다. 속으로 '내 이름은 언제 부르지?'라는 생각만 하고 있으면 그저 아까운 시간만 흘러갈 뿐이다. 내 마음을 매 순간 놓치지 않고 또렷하고 생생하게 관찰하는 것. 이것이 지혜이다. 기도를 하되 지혜롭게 하려면 기도하는 자신을 항상 관찰하려는 노력을 게을리해서는 안 된다. 그래야 온전하게 지혜와 자비의 마음으로 기도할 수 있다. 그래야 가족과 이웃을 위한 기도가 나의 수행이 된다. 기복신앙인가 아닌가는 외적인 형식이 아니라 기도하는 당사자의 마음자세에 달려있다.

오늘날의 기복신앙은 우리 안의 이기심과 자비심을 또렷하게 볼 수 있는 좋은 수행이다. 그러므로 정신적으로 이기심에 갇혀 있고, 욕망에 병든 개개인이 자신을 치유하는 방향으로 기도할 때 기복신앙은 더 이상 기복신앙이 아니라 우리들의 영혼을 치유하는 명약이 될 수 있다.

정리하자면 불교는 고타마 싯다르타라는 사문 수행자의 수행과 깨달음으로 시작되었다. 즉 출가자 중심의 수행 시스템으로 시작되었다. 이는 2,500년 전의 시대 상황과 전혀 무관하지 않다. 현대 사회는 굳이 출가하지 않더라도 수행을 할 수 있는 여건이 충분히 갖추어져 있다. 동시에 현대 사회는 고뇌하는 개인의 병든 마음을 치유하기를 요구한다. 이런 까닭에 우리 시대의 화두는 어떻게 하면 재가자 중심의 수행 시스템을 정착시킬 것인가로 모여진다. 재가자 중심의 신앙생활이 전통적인 기복신앙에 머무르는 것은 시대에 부응하지 못하고 과거의 방식에 빠져 있는 꼴이다. 결국 재가자 중심의 신행생활 속에 부처님의 가르침에서 강조하는 수행 정신을 녹여내는 것이 우리 시대의 과제가 될 것이다. 수행의 관점에서 기복신앙에 접근하는 것이 우리 시대의 과제를 해결하는 중요한 열쇠 중의 하나가 될 수 있다.

나를 버리고 남을 위해 나의
정성과 시간을 바칠 때,

오히려 진정하게 나를 위한
수행이 된다.

기도의 이유

2024년 5월 15일 초판 1쇄 발행

지은이 중현
발행인 박상근(至弘) • 편집인 류지호 • 편집이사 양동민
책임편집 하다해 • 편집 김재호, 양민호, 김소영, 최호승, 정유리 • 디자인 쿠담디자인
제작 김명환 • 마케팅 김대현, 김선주, 이선호 • 관리 윤정안 • 콘텐츠국 유권준, 정승채, 김희준
펴낸 곳 불광출판사 (03169) 서울시 종로구 사직로10길 17 인왕빌딩 301호
       대표전화 02)420-3200 편집부 02)420-3300 팩시밀리 02)420-3400
       출판등록 제300-2009-130호(1979. 10. 10.)

ISBN 979-11-93454-91-6 (03220)

값 22,000원